Juan J. Varela Alvarez

El culto cristiano

Origen, evolución, actualidad

Juan J. Varela Álvarez

El culto cristiano

Origen, evolución, actualidad

Juan J. Varela Álvarez

El culto cristiano

Origen, evolución, actualidad

Editorial CLIE
Galvani, 113Ferrocarril, 8
08232 VILADECAVALLS (Barcelona)
E-mail:libros@clie.es
http://www.clie.es

EL CULTO CRISTIANO
Origen, evolución, actualidad

© 2002 por el autor
Pintura de la portada: Antonio Soto

ISBN: 978-84-8267-246-5
ISBN: 84-8267-246-0

Clasifíquese:
460 ECLESIOLOGÍA: Concepto de la iglesia
C.T.C. 01-06-0460-24
Referencia: 22.43.82

A mi mujer María del Mar y a mi hijo Noel
Josué, fuentes de mi estabilidad

Gracias Norman D. Bowman, por abrirme los ojos a algunas realidades, aun a costa de sufrir mi enfado inicial

ÍNDICE

PRÓLOGO 13

INTRODUCCIÓN 17

CAPÍTULO I
EL CULTO CRISTIANO: SU DEFINICIÓN, PROPÓSITO,
Y ELEMENTOS PRINCIPALES 19

I. ¿QUÉ ES EL CULTO CRISTIANO? 21
    a. El culto: Definición 21
    b. El culto: Terminología 22
    c. El culto: Propósito 24

II. TEXTOS BÍBLICOS RELATIVOS AL CULTO 27
    a. Mateo 2:11. La adoración de los magos 27
    b. Mateo 4:9, 10. El objeto de la adoración 28
    c. Juan 4:19-24. La adoración verdadera 29
    d. Hechos 2:42. El culto en la Iglesia Primitiva 31
    e. Romanos 12:1. El culto racional 31
    f. Apocalipsis 4:1-11. La adoración eterna 32

III. EL PAPEL DE LA LITURGIA EN EL CULTO 35
    a. Definiendo liturgia 35
    b. Liturgia o rito 37
    c. ¿Liturgia u orden de culto? 39
    d. La liturgia en la Biblia y en la Iglesia Primitiva 39

IV. EL CULTO Y SUS PARTICIPANTES 45
    a. La asistencia y la participación en el culto 45
    b. El papel de la mujer en el culto 46
    c. Las aclamaciones litúrgicas en el culto 47
    d. Culto personal y familiar 50

V. LA PRESIDENCIA DEL CULTO 53
    a. ¿Introducción o presidencia? 53
    b. ¿Quién está capacitado para presidir? 53
    c. La labor del presidente 54
    d. Las vestiduras del presidente o liturgo 55

VI. ¿DÓNDE Y CUÁNDO CELEBRAR EL CULTO? 57
    a. El ámbito espacial 57
    b. El ámbito temporal 58
    c. El año litúrgico o eclesiástico 60

VII. EL MOBILIARIO Y LA DECORACIÓN DEL CULTO 63
   a. En la historia 63
   b. En la actualidad 64
   c. La simbología cúltica 64

VIII. LA MÚSICA EN EL CULTO 69
   a. La música: sus inicios 69
   b. La música: su evolución en el contexto bíblico 70
   c. La música: su actualidad 73
   d. La música: su futuro 74

IX. LOS ELEMENTOS O COMPONENTES EN EL CULTO 77
   a. En la Biblia 77
   b. En la actualidad 78
   c. El silencio cúltico 79

Capítulo II
EVOLUCIÓN HISTÓRICA DEL CULTO CRISTIANO 81

I. LA EVOLUCIÓN DEL CULTO DESDE GÉNESIS HASTA HECHOS 83
   a. Época postcreacionista y patriarcal: Ofrendas y Altares 83
   b. Época mosaica y monárquica: Tabernáculo y Templo 84
   c. Época postexílica y cristiana: Sinagoga e Iglesia 84

II. EL CULTO EN LOS TRES GRANDES CENTROS DE ADORACIÓN
   PRE-CRISITANA 87
   a. En el Tabernáculo 87
   b. En el Templo 87
   c. En la Sinagoga 90

III. LA EVOLUCIÓN DEL CULTO DESDE HECHOS HASTA LA REFORMA 95
   a. El culto en la Iglesia Primitiva 95
   b. De la era apostólica a Constantino 97
   c. La Edad Media 101
   d. La Reforma Protestante 101

IV. FORMAS DE CULTO DESDE LA REFORMA A LA ACTUALIDAD 105
   a. El culto Luterano 105
   b. El culto Reformado o Presbiteriano 106
   c. El culto Anglicano o Episcopal 107
   d. El culto Metodista o Wesleyano 107
   e. El culto en las Iglesias Libres 109
   f. El culto Pentecostal 111
   g. El culto católico: La reforma litúrgica de Vaticano II 112

Capítulo III
HACIA UN MODELO DE CULTO EN EL CONTEXTO DEL SIGLO XXI 115

I. ANÁLISIS Y ESTRUCTURA DEL CULTO CRISTIANO 117
    a. Contenido 117
    b. Estructura bíblica 118
    c. Estructura histórica 120
    d. Las formas históricas de comunicación 122

II. INFLUENCIAS DE LA CULTURA POSTMODERNA 127
    a. La sociedad postmoderna 127
    b. El hombre postmoderno 129
    c. Cristianismo y postmodernidad 131
    d. Las formas actuales de comunicación 133

III. PROPUESTAS DE CULTO CONTEMPORÁNEO 137
    a. La estructura cúltica hoy 137
    b. El estilo de culto hoy 139
    c. El culto contemporáneo: fusión de historia y actualidad 140

CONCLUSIÓN 145

ANEXO I Breve manual litúrgico para servicios religiosos 151
ANEXO II Los credos y confesiones de fe 173
ANEXO III Glosaro de simbología cristiana 185
ANEXO IV Sugerencias para el culto 211

BIBLIOGRAFÍA 219

PRÓLOGO

Probablemente uno de los puntos más débiles en la reflexión teológica contemporánea, sea la reflexión acerca de la adoración. Desafortunadamente, con demasiada frecuencia nos acercamos a la adoración como si poco o nada tuviera que ver con la doctrina y con la vida de la iglesia. Así, por ejemplo, pasamos largas horas discutiendo el sentido de la doctrina trinitaria, o de la presencia de Cristo en la comunión; pero no le prestamos igual atención al modo en que tales doctrinas se manifiestan en el culto. Si por ejemplo, sostenemos la doctrina de la Trinidad, ¿qué implica eso para el culto? Si sostenemos una posición cualquiera (sea la luterana, sea la reformada, o cualquier otra) acerca de la presencia de Cristo en la comunión, ¿cómo se refleja esto en el modo en que celebramos la comunión, y en el modo en que la relacionamos con el resto del culto? No se trata de preguntas ociosas. Como historiador de la doctrina cristiana, estoy consciente del viejo principio, *lex orandi est lex credendi*, que implica, en pocas palabras, que el modo en que la iglesia adora a la postre se vuelve lo que la iglesia cree.

Cada vez más nos percatamos de que el estudio del desarrollo de las doctrinas cristianas, requiere el estudio del desarrollo del culto. En consecuencia, la historia de la liturgia, que antaño fue un campo de estudio relativamente desconectado de la historia de las doctrinas, ahora se incorpora como campo necesario de estudio para quien desee comprender el modo en que el pensamiento cristiano ha evolucionado a través de los siglos. Es por ello que resulta tan trágico el hecho de que pastores y otros dirigentes eclesiásticos, al tiempo que se preocupan sobremanera por la ortodoxia teológica, le presten tan poca atención al culto y al modo en que refleja o no esa ortodoxia. Necesitamos prestarle mayor atención a la adoración, si hemos de evitar una iglesia, no sólo débil, sino hasta errada en su teología. Veamos algunos ejemplos. Uno de las grandes peligros que acechan al cristianismo en estos días es el individualismo excesivo. Nos hacemos la idea de que la fe es cuestión individual, cuestión de mi relación con Dios. Esto se ve hasta en las imágenes populares del Reino de Dios, donde se pintan angelitos individuales, Cada cual

•El culto cristiano•

en su propia nube, sin que nadie les moleste o interrumpa. Pero se ve también en buena parte de nuestros cultos, donde se cantan casi exclusivamente himnos en la primera persona del singular: yo. Aun cuando es cierto que cada uno de nosotros tiene que hacer su decisión personal, también es cierto que esa decisión se hace en medio de una comunidad de fe, y que esa comunidad ha de nutrirla y de dirigirla. Empero en muchos de nuestros cultos esto no aparece por ninguna parte. A veces, al mirar los rostros de los congregados, se recibe la impresión de que cada uno de ellos busca una experiencia directa con Dios, y que el resto de las personas en torno suyo, nada tienen que ver con esa experiencia. En vista de tal situación, ¿qué hacemos para que nuestro culto le dé expresión al carácter comunitario de la fe? Si no nos ocupamos de ello, no nos sorprendamos de que el individualismo que parece dominar nuestra sociedad contemporánea, se posesione también de la iglesia.

Otro peligro que acecha a la iglesia de hoy es una concepción hedonista de la fe. Según esta opinión, el propósito de la fe cristiana es hacernos sentir bien. Las iglesias compiten entre si a ver cual de ellas les da más «gozo» a sus miembros. En esa competencia, con frecuencia se pierde el sentido del *mysterium tremendum*, del Dios cuya presencia es sobrecogedora, del Dios que requiere obediencia, del Señor que nos invita a entrar por la puerta angosta, a seguir el camino difícil, a tomar la cruz. Se predica, y en el culto se celebra, un evangelio sin ley, una gracia sin obediencia, un gozo sin responsabilidad. Cuando nuestra reflexión acerca del culto no nos lleva a buscar modos de contrarrestar tales tendencias, convertimos la fe en un producto más de consumo para el mercado, al punto que hay iglesias que confunden la evangelización con el empleo de técnicas de mercadeo.

El tercer peligro que es necesario mencionar es el de la falsa espiritualidad. A través de toda su historia, la iglesia cristiana ha visto su fe amenazada por quienes se imaginan que lo espiritual es lo opuesto de lo material. En los primeros siglos, esto resultó en doctrinas docetistas acerca de la persona de Jesucristo, doctrinas que presentaban un Jesús, puro espíritu, sin verdadera carne. Más tarde la misma tendencia llevó a un ascetismo que pensaba que la obediencia cristiana más elevada consistía en castigar el cuerpo sin otro propósito que el de domarlo, el de volverse más «espiritual». En otras ocasiones,

•Prólogo•

también por las mismas razones, se ha pensado que la iglesia y los cristianos deben ocuparse únicamente por la salvación de las almas, y que los males que puedan aquejar los cuerpos de las gentes, no tienen mayor importancia. En el día de hoy, esta tendencia espiritualizante lleva a un tipo de fe en la que se puede ser cristiano convencido y consagrado, sin que ello en modo alguno afecte el modo en que se manejen las propiedades, los capitales, u otros recursos que se tengan. Cuando alguien se atreve a llamar a los cristianos a la obediencia, no sólo en cuestiones supuestamente «espirituales», sino también en cuanto al uso del dinero, del poder político y social, etc., se piensa que todo esto nada tiene que ver con la fe. Si esto no se corrige en el culto, ¿dónde se hará?

Por todo ello, este libro, y la reflexión teológica acerca del culto a que nos invita, son de enorme importancia para la vida de la iglesia. La iglesia vive por su adoración. Quizás tal afirmación parezca exagerada, ya que la iglesia también vive por su misión, por su oración, etc. Empero no cabe duda de que la iglesia se nutre de su adoración, y que una iglesia que no adora, o cuya adoración no la nutre, resulta endeble y enferma. De ahí la importancia de este libro. Mucho se escribe acerca de la evangelización, de la educación, de diversas doctrinas teológicas, etc. Pero con demasiada frecuencia descuidamos la adoración, como si no fuese un elemento fundamental en la vida de la iglesia. En medio de la escasísima literatura sobre el tema, el presente libro nos ofrece una visión panorámica de la historia del culto, de sus diversos elementos, y de sus perspectivas futuras. Aun cuando en algunos puntos históricos pueda discrepar con el autor (sobre todo en cuestiones de detalle y de interpretación que podríamos discutir por largo tiempo), estoy convencido de que esta obra será una contribución valiosa para la práctica de la adoración de la iglesia de habla castellana, y sobre todo para la iglesia evangélica de habla castellana. Particularmente valiosa es la tercera parte de libro, que explora lo que la postmodernidad pueda implicar para el culto cristiano. Puesto que la reflexión acerca de la postmodernidad está todavía comenzando, y puesto que en todo caso necesitamos reflexión acerca de la adoración, el hecho de que este libro combina esos dos elementos, lo hace mucho más valioso. Por otra parte al tratar acerca del culto tenemos que recordar que a

•El culto cristiano•

fin de cuentas nada que hagamos o que seamos es en si mismo necesariamente aceptable ante los ojos de Dios. Ese es el principio fundamental del evangelio, que la salvación es por gracia. Dios no nos acepta porque hagamos algo, o porque pensemos algo, ni siquiera porque creamos algo. Dios nos acepta por gracia, porque en su sorprendente amor, Dios ha decidido aceptarnos.

Lo mismo es cierto del culto. Aunque hay cultos mejores que otros (de igual modo que hay acciones mejores que otras), no hay culto tan perfecto, tan correcto, que por sí merezca el que Dios lo acepte. Dios acepta nuestro culto de igual modo que nos acepta a nosotros, por gracia. Digámoslo de otro modo. Tomemos por ejemplo la cuestión de la música. En la iglesia contemporánea hay grandes debates acerca de cuál música es más apropiada para el culto a Dios. Algunos dicen que no hay música para adorar a Dios como la de Bach. Otros, al otro extremo, prefieren adorar con música «contemporánea», con instrumentos eléctricos, amplificadores, etc. Algunos prefieren la música suave; otros la prefieren sonora hasta tal punto que el edificio tiemble. Cada uno de nosotros tiene sus gustos. El mío se inclina hacia Bach, quien a mi parecer ha escrito música sublime. Pero con todo y eso, tengo que confesar que hasta la música de Bach, no es aceptable ante Dios sino por la gracia divina. Dicho de otro modo, tengo la sospecha de que cuando tengamos la dicha de escuchar los coros celestiales, comparada con ella la mejor música de Bach no resultará sino una pobre cacofonía. He ahí en unas pocas palabras la gran paradoja que tenemos que sostener al acercarnos al tema del culto cristiano: Por una parte el culto es fundamental para nuestro servicio a Dios, para nuestra ortodoxia, para toda nuestra vida cristiana. Por otra, el culto como todo lo que el ser humano puede hacer, nunca es tan perfecto, tan bueno, tan apropiado, que sea en si mismo y por sus méritos aceptable ante Dios. Como nuestra vida toda, el culto es todo lo que tenemos. Y lo que tenemos lo ponemos al servicio de Dios, con el ruego de que el Dios que tomó y aceptó nuestras vidas, tome también y acepte nuestro culto. ¡Así sea!

Dr. Justo L. González

INTRODUCCIÓN

Hay en la especie humana una sed y hambre espiritual que únicamente Dios puede satisfacer, pues el hombre, sólo por el hecho de serlo, posee un deseo y anhelo de entregarse a algo más grande que él. En el corazón de todo ser humano hay inherente una expresión religiosa natural, donde hay tribus, comunidades o colectivos humanos de cualquier tipo, allí hay religiones y cultos para suplir cualquier necesidad. El hombre que no conoce al Dios verdadero y creador, lo sustituye deificando cualquier elemento de la creación; hablamos por tanto, de un instinto religioso común a la condición humana, pues como decía San Agustín: «*el hombre es incurablemente religioso*».

La historia de la humanidad y su desarrollo nacen ligadas al fenómeno de las religiones[1] paganas y animistas. El hecho misterioso de la muerte, lo trascendente, crea un terreno común que promueve todo tipo de cultos, rituales mágicos, encantamientos, hechizos, trances... etc. Es el mundo de lo oculto, pues la magia y las religiones, se constituyeron en las vías tradicionales de acceso al mundo de lo sobrenatural, en toda cultura extrabíblica. En claro contraste, la experiencia cristiana se basa en lo revelado en la Palabra de Dios, y el culto cristiano tiene su razón de ser en la revelación de Dios en Jesucristo. En realidad, el culto es la antítesis de lo oculto, pues la Palabra es luz reveladora, no tinieblas misteriosas.

Recordamos las palabras del salmista en el Salmo 42 cuando dice: «*Como el ciervo brama por las corrientes de las aguas, así clama por ti oh Dios el alma mía*». La humanidad necesita a Dios, y aunque gran parte de la misma le rechace, esa negación no anula la realidad del vacío existencial que sufre el hombre que vive de espaldas a Él. Todo ser humano necesita saber quién es, es decir, tener clara su identidad; todo hombre necesita reconocer su anhelo de lo metafísico y trascendente, su búsqueda de Dios o de un ser

---

[1] Religión viene del latín *re-ligare*, volver a juntar o unir.

•El culto cristiano•

supremo, y todo hombre necesita sentirse parte de algo, relacionarse, saberse en sociedad. Identidad, trascendencia y sociabilidad son pues rasgos característicos de la especie humana, y de toda religión.

«Desde el principio el culto tiene el propósito de proveer al hombre del nexo vital imprescindible para recuperar su propia identidad sobrenatural. La ruptura traumática de la transgresión deja al hombre en una situación de precariedad tal, que desde entonces busca desesperadamente, ciego y palpando, la restauración de la relación con Dios por la vía religiosa.»[2]

Como ya hemos visto, el culto cristiano, la adoración al Dios verdadero, es un auténtico instinto natural que responde al sentido de trascendencia que como seres humanos tenemos. El culto es la máxima expresión de la vida cristiana; abarca su pasado, su presente y su futuro. En el culto, recordamos la historia de la salvación en el pasado, manifestamos y confesamos nuestra fe, necesidades y bendiciones presentes, y nos esperanzamos con la segunda venida en el futuro. El tema es de enorme importancia, pues en realidad el culto es el todo de la vida cristiana. Según Von Allmen el culto es nada menos que: *«recapitulación de la historia de la salvación, epifanía de la iglesia, y fin y futuro del mundo.»*[3]

No pretende éste, ser un libro de profundidad teológica. Debido a la amplitud de temas que trata y al tamaño del mismo, sólo aspiramos a introducir las líneas generales de cada uno de los elementos que relacionamos con el culto cristiano. Sobre esta base, los objetivos son varios. En primer lugar explicar qué es el culto, dónde nace, cómo se expresa, cuáles son sus elementos, cómo se desarrolla y evoluciona a lo largo de la historia hasta llegar a nuestros días; así como también enumerar los distintos tipos y formas de culto existentes hoy día, proponiendo en la conclusión final un modelo de culto actual basado en la historia.

---

2 Gómez, Panete, José Luis, *La Biblia en el Culto Personal, en la Familia y en la Iglesia*, ponencia incluida en el libro *Sola Escritura*, Sociedad Bíblica, Madrid 1997, p. 37.
3 Von Allmen, J. J. *El Culto Cristiano*, SÍGUEME, Salamanca 1968, p. 332.

Capítulo I

EL CULTO CRISTIANO:

SU DEFINICIÓN, PRÓPOSITO Y ELEMENTOS PRINCIPALES

I. ¿QUÉ ES EL CULTO CRISTIANO?

a. El culto: definición

El culto a Dios, la adoración, es una de las primeras actividades humanas mencionada en la Biblia (Gn. 4:3-4), asimismo es lo primero que hacen Noé y su familia después del diluvio bajo la nueva creación (Gn. 8:20), y será la última y única actividad de los redimidos cuando estemos en el cielo (Ap. 4:4). En latín la palabra culto (*cultus*)[4] viene de «cultivar» haciendo referencia a alguien «culto» en el sentido de preparado o capacitado, que practica, trabaja y cuida de algo. De manera que uno puede «cultivar» en el sentido agrícola de plantar algo, uno puede ser «culto» en el sentido de persona capacitada intelectual y culturalmente, y uno puede «ofrecer un culto» en el sentido de un tiempo preparado, trabajado y ofrecido a Dios.

Básicamente podemos definir el culto cristiano como un servicio, un homenaje, una ofrenda de adoración y acción de gracias que encierra en sí misma un triple testimonio: honrar a Dios con la adoración, bendecir a la iglesia con la edificación, y testificar al mundo con la proclamación. Por tanto, el culto puede entenderse fundamentalmente como un acto comunitario de servicio y ofrenda a Dios en acción voluntaria, en respuesta agradecida a lo que Él ya hizo por nosotros. En torno a esta base, la comunidad, la iglesia local, se siente impulsada a la alabanza, la oración, la meditación de la Palabra, y la celebración de los sacramentos. Citando a Maxwell:

> «*El culto consiste en nuestras palabras y acciones. Es la expresión externa de nuestro homenaje y adoración, cuando estamos reunidos en la presencia de Dios. Estas palabras y acciones están gobernadas por dos cosas: nuestro conocimiento del Dios a quien adoramos, y los recursos humanos que somos capaces de aportar a ese culto. El culto cristiano se*

---

4 *Colo, colis, colere, colui, cultum*. De donde proceden nuestros vocablos: colono, colonia, cultivo, cultura. También se puede traducir por «*obsequium*» ofrenda.

•El culto cristiano•

diferencia de todos los demás cultos en que se dirige al Dios y Padre de nuestro Señor Jesucristo.»[5]

De manera que si el culto cristiano es un servicio ofrecido a Dios, una respuesta a lo que Él ha hecho por nosotros, y un acto corporativo con ese sentido de celebración comunitaria, no podemos dejar de mencionar el elemento festivo que encierra en si mismo. Es decir, el culto no conmemora un recuerdo desilusionado[6] como ocurriera con los discípulos en el día de la Pascua antes de la aparición del Señor, no, el culto revive en cada celebración al Cristo resucitado, se regocija en su presencia, se esperanza con la parusía, y en definitiva se convierte en una necesidad del alma redimida que busca y necesita reconocer al Autor de esa obra redentora.

b. El culto: Terminología

En cuanto a los términos griegos usados para referirse al culto dentro del NT, estudiaremos los propios, así como otras expresiones directamente relacionadas con la palabra culto, cuyo significado, como ya hemos visto, es cultivar o practicar algo, y que bajo un sentido religioso, se entiende como un homenaje que se tributa a Dios.

Latreia (λατρεια). Relacionado con *latreuo*, término que hace referencia en principio a un servicio pagado. En la Biblia se usa en relación con el servicio a Dios en el contexto del Tabernáculo (He. 9:1; Ro. 9:4), y en relación con el *culto racional*[7] de los creyentes al presentar nuestros cuerpos a Dios en sacrificio (Ro. 12:1). Otros textos donde aparece este término con el sentido

---

5 Maxwell, William, *El Culto Cristiano*, Editorial Methopress, Argentina 1963, p. 15.
6 En el culto cristiano no repetimos el sacrificio incruento de Cristo como en la misa catolicorromana, más bien lo conmemoramos y hacemos de ello una celebración esperanzadora. Aunque si nos atenemos a la etimología de «misa» veremos que proviene del bajo latín *missio* que quiere decir «envío», «despido», es decir, el último acto del culto donde se despide a los fieles y se les envía de vuelta al mundo. En este sentido, también podemos entender el culto como misa, donde se anima a enviar al mundo a lo largo de la semana a los que previamente se han reunido el primer día de la misma.
7 Hace referencia a un culto lógico e inteligente en oposición a emocionalismos subjetivos.

• EL CULTO CRISTIANO:
SU DEFINICIÓN, PROPÓSITO Y ELEMENTOS PRINCIPALES •

general de servicio, son: Hechos 7:42; 26:7; Hebreos 13:10; Apocalipsis 7:15. De esta misma raíz derivan los vocablos *oficio* y *ritual*. El primero, en la Biblia hace referencia al servicio ofrecido a Dios conforme a las demandas de la ley levítica (los oficios del culto u oficios religiosos, He. 9:6). Del segundo, *ritual*, decir que su uso está circunscrito al servicio sacerdotal bajo el Antiguo Testamento y al sistema cúltico de la ley.

Proskuneo. (ροσκυνεω). Este vocablo, en su uso bíblico, debe ser considerado como sinónimo de culto. Su significado es adorar, pero adorar en el sentido de prosternarse[8] en reverencia y sumisión a la majestad de Dios. El énfasis es el de una adoración ofrecida en total entrega. Adorar tiene el sentido de «rendir culto a Dios», culto que puede darse en el sentido mencionado de inclinarse a tierra[9], o bien lo contrario, levantar el rostro y las manos hacia Dios reconociendo su Santidad y Perfección (Mt. 2:2; 4:10; Lc. 4:8; Jn. 4:20-24; Hch. 10:25; 1 Co. 14:25; Ap. 7:15; 19:4).

Servicio. Del griego *leitourgeo*[10] (λειτουργεω) «servicio» o «ministerio». Se dice del servicio religioso que los levitas prestaban junto con los sacerdotes en el AT (He. 8:2-6). También significa ministrar a Dios o a la iglesia (Hch. 13:2; Fil. 2:17).

Ethelothreskeia (εθελοθρησκεια). Palabra compuesta de *ethelo* querer, y *threskeia* adoración. Denota un culto y una adoración voluntaria nacida no de las exigencias de la ley, sino de un anhelo personal de buscar y rendir culto a Dios (Col. 2:18 y 23).

Ofrenda: Del griego (ροσφερω), o (αναφερω). El primero significa «traer a» u «ofrecer» en el sentido de una presentación u ofrenda de dones sacrificiales (He. 5:3; 10:2). El segundo vocablo griego se traduce como «conducir o llevar arriba». Mencionamos también el vocablo (α αρχη) que es un

---

8 Arrodillarse o inclinarse en señal de respeto, ruego y adoración.
9 En este sentido se ajusta a su etimología, *pros*: hacia, y *kuneo*: besar [la tierra].
10 En la LXX no aparece nunca el vocablo *diaconeo* (διακονεω) para hablar de «servicio» en el contexto cultural, sino que el vocablo usado es *leitourgeo* (λειτουργεω).

•El culto cristiano•

término técnico del lenguaje sacrificial que hace alusión a los primeros frutos o primicias de algo. Podemos considerarlo un término sinónimo de «sacrificio».

En cuanto al vocablo *liturgia,* más adelante le concedemos un apartado específico. Los términos que ahora veremos, si bien no se pueden aplicar específicamente como sinónimos de culto, sí están directamente relacionados con el mismo. Son los siguientes:

Doxa: Del griego (δοξα). En principio significa buena opinión, estimación. En el contexto bíblico se traduce por «gloria», aludiendo a la naturaleza y a los actos de Dios. También se puede traducir como «honor y majestad», siempre dentro de las cualidades divinas que el hombre se limita a reconocer (Hch. 12:23; Ro. 1:23; 1 P. 4:11; Ap. 1:6; 19:7).

Eulogeo: Del griego (ευλογεω), verbo formado por el adverbio *eu* (bien) y la raíz *log* (hablar), por tanto su significado sería «hablar bien», «elogiar.» En el contexto cúltico se usa con el sentido de impartir bendición, bendecir (1 Co. 10:16; He. 12:17; Ap. 7:12).

Aineo: Del griego (αινεω), cuyo significado es «alabar», «ensalzar». Se enmarca dentro de las reacciones y respuestas del creyente que alaba y eleva sus exclamaciones de reconocimiento al Dios soberano (Lc. 18:43; Hch. 2:47; Ap. 19:5).

c. El culto: Propósito

El propósito y el objetivo principal del culto cristiano, es la adoración. Adoración al único que la merece, el Dios creador y sustentador de todas las cosas. Dicha adoración debe cumplir asimismo un doble propósito: glorificar a Dios y edificar a su Iglesia. Si la adoración es la vocación suprema del hombre, y el culto es el trabajo más noble al que el hombre puede aspirar, el culto se convierte en el canal más digno, para que tributemos a Dios la adoración que sólo Él se merece. Esa adoración, que es una necesidad inherente

• EL CULTO CRISTIANO:
SU DEFINICIÓN, PROPÓSITO Y ELEMENTOS PRINCIPALES •

al ser humano, si no se satisface a través del culto cristiano, se satisfará a través de cualquier otro culto. Debido a esa necesidad, si el hombre no adora al Dios creador, acabará rindiendo culto a otra supuesta divinidad[11] o cualquier elemento de la creación (Ro. 1:23-25).

Como ya hemos dicho, el hombre posee un instinto religioso que le impele a buscar a Dios, por tanto, también debemos entender el propósito del culto como una respuesta humana de adoración y acción de gracias, hacia un Dios al que le ha placido revelarse tomando así la iniciativa. En palabras de R. Paquier: «*Dios sólo puede ser el objeto de nuestro culto si primero es el Sujeto que nos da el culto..., los paganos se imaginaban un culto esperando ganarse el favor de los dioses por medio de él. El culto de los hebreos era una respuesta a lo que Dios ya había hecho por ellos*».[12]

El culto es para Dios. Al culto hay que venir aportando una actitud reverente, una actitud ya sea de gozo o de arrepentimiento, pero nunca de indiferencia, pues la Palabra dice en Deuteronomio 16:16: «Ninguno se presentará delante de Jehová con las manos vacías». Diremos más, el culto es una ofrenda para Dios en respuesta a lo que Él ha hecho por nosotros, y en esa respuesta agradecida de adoración y acción de gracias, o de súplica, arrepentimiento o búsqueda, en ese acto de darse, de ofrendarse a si misma, la iglesia es edificada y consolada, recibiendo la bendición como consecuencia directa de cumplir el mandato bíblico: «Al Señor tu Dios adorarás y a Él sólo servirás» (Mt. 4:10).

Adorar es reconocer. Elevarnos por encima de nuestra condición, para acabar comparándola con la majestad de Dios, y en ese dramático contraste, dar a luz a un profundo deseo de santidad. En la adoración, el creyente reconoce la condición propia y la de Dios, y desde esa visión privilegiada, brota la alabanza, la gratitud, el arrepentimiento, la dependencia, la sumisión y el compromiso. El propósito del culto es la adoración, el propósito de

---

[11] La adoración que no vaya dirigida a Dios, es idolatría.
[12] Citado por Küen, Alfred, *Renovar el Culto*, CLIE, Barcelona 1996, p. 14.

•El culto cristiano•

la adoración es el reconocimiento de nuestra propia realidad frente a la de Dios, y el propósito de ese reconocimiento, es el cambio, la búsqueda de la santidad. Si leemos que nadie se **presentará** delante de Jehová con las manos vacías, también debemos decir que nadie se **despedirá** de delante de Jehová con las manos vacías. Si el culto no trasforma la vida de la comunidad, no transforma nada.

II. TEXTOS BÍBLICOS RELATIVOS AL CULTO

Seleccionamos en el NT seis textos que nos dan pautas sobre cómo ha de ser nuestro culto, nuestra manera de adorar y buscar a Dios. Son Mateo 2:11; Mateo 4:9, 10; Juan 4:19-24; Hechos 2:42; Romanos 12:1, 2, y Apocalipsis 4:1-11.

a. Mateo 2:11. La adoración de los magos

«Al entrar en la casa, vieron al niño con su madre María, y postrándose, lo adoraron; y abriendo sus tesoros, le ofrecieron presentes: oro, incienso, y mirra.»

El culto cristiano, la adoración, tiene un contenido netamente cristológico. Aun el culto antiguo testamentario apunta hacia Cristo en toda su liturgia y simbología. Analizamos este texto por su singularidad, pues es la primera muestra de adoración al Cristo encarnado, el *tipo*[13] que cumplía todos los *antitipos* del Antiguo Testamento. Adoración que se da curiosamente por unos gentiles, unos sabios astrónomos llegados de lejanas tierras.[14] Unos magos, que no tenían ninguna expectación mesiánica ni provenían de un contexto judío, eran gentiles, pero ofrecieron el primer culto que se da a la

---

13 El *tipo* al contrario que el símbolo, siempre es figura o modelo de algo que está por venir. Según definición de José María Martínez —«La tipología es el establecimiento de conexiones históricas entre determinados hechos, personas o cosas (tipos) del Antiguo Testamento, y hechos personas u objetos semejantes del Nuevo (antitipo). Pero esas conexiones no se efectúan arbitrariamente. No son como en la interpretación alegórica, producto de la fantasía. Corresponden al desarrollo de la revelación progresiva y tienen su fundamento en Dios mismo, quien dispuso los elementos típicos del Antiguo Testamento de modo que entrañaran y prefiguraran las realidades que se manifestarían en la época novotestamentaria»— (Martínez, José María, *Hermenéutica Bíblica*, CLIE, Barcelona 1984, p. 176.)

14 Estos magos de oriente, eran probablemente personas muy sabias y versadas en todas las artes y las ciencias, a ellos no debemos aplicar el sentido peyorativo que la palabra *mago* adquirió en épocas posteriores, como sinónimo de brujo o adivino. Las leyendas que la historia ha ido urdiendo alrededor de este relato bíblico, acabaron afirmando que los magos eran reyes, que su número era de tres, y que sus nombres eran Melchor, Gaspar y Baltasar, datos que desde luego, el texto no menciona.

•El culto cristiano•

persona de Jesús[15], y en ese primer culto, ajenos a toda la herencia judaica, y por tanto a toda expectativa mesiánica, expresan de forma natural y espontánea, elementos básicos del contenido del culto cristiano: adoración/ofrenda.

Aquellos sabios orientales, gentiles, no dudaron en recorrer un largo camino para tributar adoración al que para la mayoría de los judíos era sólo un niño pobre. Ellos rindieron un culto aceptable a Dios, aun sin tener una comprensión plena. La Palabra nos dice que cuando los magos vieron que la estrella se posaba sobre la casa donde estaba el niño «se regocijaron con muy grande gozo», y en ese contexto de gozo y expectación, se humillan ante el niño Jesús, le adoran, y le ofrendan sus dones.[16] Observamos en este texto, que el deseo de rendir culto al niño Jesús, a Dios mismo, surge de modo natural y se traduce en un acto de postración, adoración y ofrenda.

b. Mateo 4:9, 10. El objeto de la adoración

«Y le dijo: todo esto te daré si postrado me adorares. Entonces Jesús le dijo: Vete, Satanás, porque escrito está: Al Señor tu Dios adorarás y a él sólo servirás.»

Mateo 4 nos presenta el episodio de la tentación de Jesús, donde Él es llevado por el Espíritu al desierto para ser tentado por el diablo. Frente a las tres tentaciones, solo y en debilidad, Jesús se defiende con la espada del Espíritu, con la Palabra de Dios. En la última tentación, Satanás pone al

---

15 Aunque a los primeros a los que se anuncia el nacimiento del Mesías es a los pastores.
16 Era frecuente dentro del protocolo real de la época, que todo aquel que se presentaba ante un rey, debía hacerlo llevando algún presente. Es mucho lo que se ha escrito sobre el simbolismo de los presentes que los magos ofrecieron al niño Jesús: oro, incienso, y mirra. El oro indicaba realeza. El incienso era usado por los sacerdotes para ministrar en el Templo, era por tanto símbolo de sacerdocio. La mirra, que era un aceite aromático empleado, entre otras cosas, para embalsamar a los muertos, lo asociamos a humanidad. Aquellos magos, estaban reconociendo al niño Jesús como Rey, Sacerdote, y Salvador. Algunos han llegado a ver en ellos, el símbolo de las naciones del mundo que un día rendirán culto al Señor ofreciéndole sus dones.

•El culto cristiano:
su definición, propósito y elementos principales•

descubierto su verdadero propósito: conseguir que el Hijo de Dios le rinda culto en adoración: «*Todo esto te daré, si [postrado] me [adorares]*». La respuesta de Jesús es concluyente: «*Vete Satanás, porque escrito está: Al Señor tu Dios [adorarás] y a Él sólo [servirás].*»[17] Este pasaje revela en primer lugar el anhelo de Satanás por conseguir para si mismo el culto y la adoración que sólo le corresponden a Dios.

Los verbos «adorar, postrar, servir» tienen significado de «rendir culto». «Adorar» del griego ϱοσκυνεο, hace referencia, como ya hemos mencionado, a una actitud de reconocimiento y total entrega, un prosternarse en sumisión, respeto y agradecimiento. «Postrarse» quedaría incluido dentro de «adorar»;[18] y finalmente, «servir» del griego λατρευω, que tiene el sentido de servicio religioso o ministración en el culto. Este pasaje deja claro que el único objeto de culto y adoración es Dios mismo. Realmente aquí se nos presentan elementos importantes de una verdadera adoración y culto a Dios. Habla de postrarse, de adorar y de servir, lo que hace que quede implicada la totalidad de la persona en un orden fundamental: Primero tenemos una forma física externa (postrarse), que es expresión de una realidad espiritual interna (adorar), y que produce una reacción de la voluntad (servir).

c. Juan 4:19-24. La adoración verdadera

> «Jesús le dijo: Mujer, créeme, que la hora viene cuando ni *en este monte ni en Jerusalén adoraréis al Padre. Vosotros adoráis lo que no sabéis; nosotros adoramos lo que sabemos, porque la salvación viene de los judíos... Mas la hora viene, y ahora es, cuando los verdaderos adoradores adorarán al Padre en espíritu y en verdad.*»

---

17 O bien «a Él sólo darás culto».
18 El idioma griego es casi perfecto y tiene un significado para cada situación que queremos expresar. Por esto dependiendo del contexto donde se incluya una determinada palabra, podrá significar una cosa u otra.

•El culto cristiano•

En Juan 4 durante la conversación entre Jesús y la Samaritana, se adivina por parte de ésta una interesante pregunta a Jesús, (v. 20) ¿Dónde celebrar el culto, dónde adorar? La pregunta, que en principio iba dirigida a averiguar el lugar correcto de adoración y culto, es decir, si Jerusalén o el monte Gerizim, da pie para que Jesús anuncie que el lugar no es lo importante (v. 21), a la vez que le presenta tres clases de adoración:

V. 22a. **«Adoráis lo que no sabéis.»** *Adoración en ignorancia*. Se refiere al pueblo samaritano, que había introducido elementos paganos en su adoración. Lo aplicamos a las personas que van al culto por tradición y costumbre, pero no entienden ni han discernido el sentido del culto ni lo que es adorar y buscar a Dios.

V. 22b. **«Nosotros adoramos lo que sabemos.»** *Adoración intelectual*. El contexto en el que Jesús enmarca estas palabras es el del pueblo judío, conocedor de la Ley pero no hacedor de ella. Lo aplicamos aquí a las personas que conocen la Palabra al pie de la letra, pero para ellos es sólo eso, letra muerta, sin aplicación personal ni cambio interior. Tienen un conocimiento intelectual y hasta cultural de la Biblia, pero no la han encarnado en sus vidas. El culto que ofrecen estas personas es un culto ritualista y fosilizado.

V. 23 **«Los verdaderos adoradores adorarán al Padre en espíritu y en verdad.»** *Adoración verdadera*. Esta es la auténtica adoración, buscar a Dios no por sentimientos, razón, o tradición, sino con corazón sincero, por convicción, por necesidad y por sentido de compromiso. Entonces los sentimientos vendrán pero no serán la base de nuestra fe. «En espíritu y verdad» indica una integridad en lo que se está haciendo, es decir tributar a Dios un homenaje en el que participe la totalidad de la persona. El énfasis se pone sobre el estado interior del corazón (espíritu) y de la mente de los que adoran (verdad). El lugar, como ya hemos visto, es lo de menos; los hombres podemos tener acceso a Dios en todas partes siempre que nos acerquemos a Él en espíritu y en verdad.

•El culto cristiano: su definición, propósito y elementos principales•

d. Hechos 2:42: El culto en la Iglesia Primitiva

«Y perseveraban en la doctrina de los apóstoles, en la *comunión unos con otros, en el partimiento del pan y en las oraciones.*»

Este es un texto modelo donde encontramos 4 elementos básicos que deben existir en el culto cristiano. No es por tanto un texto que explique cómo ha de ser nuestro culto, sino más bien de qué elementos constaba en la iglesia primitiva. Los primeros cristianos tenían un modelo de vida comunal en el que se reflejaban estos 4 ingredientes, en los cuales «perseveraban» (o practicaban con constancia), como dice el versículo 42. Por tanto perseveraban en:

- «La doctrina de los apóstoles.» Es decir, en la enseñanza de la Palabra de Dios.

- «La comunión unos con otros.» Las relaciones comunitarias y el compartir.

- «El partimiento del pan.» La práctica de los ágapes y la Cena del Señor.

- «Las oraciones.» Una vida personal y comunitaria de oración.

Estos 4 elementos del culto en la iglesia primitiva deben ser considerados como pilares básicos de toda celebración: La Palabra, la comunión, la práctica de la Santa Cena y la vida de oración y devoción. Si falta alguno de ellos el culto se queda cojo.

e. Romanos 12:1. El culto racional

«*Así que, hermanos, os ruego por las misericordias de Dios que presentéis vuestros cuerpos en sacrificio, vivo, santo, agradable a Dios, que es vuestro culto racional.*»

En este texto y con el trasfondo sacrificial del culto judío en mente, Pablo nos da algunas indicaciones sobre cómo ha de ser nuestro culto:

•El culto cristiano•

«Os ruego... que presentéis vuestros cuerpos.» La idea de cuerpo quiere enfatizar la totalidad de la persona, y la de «presentarse» la interpretamos como «ofrendarse a sí mismo». Todo cristiano debe presentarse adecuadamente ante Dios en el culto, para participar del mismo con todo su ser. Debemos tener buena presencia tanto en lo emocional (disposición) como en lo espiritual (comunión) como en lo corporal (apariencia).

«En sacrificio vivo, santo y agradable a Dios.» Todo cristiano debe sacrificar sus intereses personales en pro de un culto ofrecido a Dios. Es un sacrificio *vivo* pues ya no se trata como en el AT de sacrificar animales muertos en expiación sobre el altar del holocausto, sino como decimos, de sacrificar todo sentimiento o actitud que se oponga al espíritu del culto. Es un sacrificio *santo* pues tiene como propósito apartarnos más para Dios y santificarnos más a su servicio. Es un sacrificio *agradable a Dios*, pues el olor que se espera que Él reciba debe ser el agradable olor a incienso que representa la vida de oración de los santos.

«Que es vuestro culto racional (λογικεν λατρειαν).*»* Ese es por tanto nuestro culto racional, no un culto de ciego sentimentalismo sujeto a las arenas movedizas de las emociones, sino un culto consciente y maduro, donde desde luego, han de expresarse nuestras emociones y sentimientos, pero siempre sobre la base de lo que sabemos y creemos de Dios y su Palabra, y no de lo que sentimos. Nuestra verdadera adoración es la de ofrecernos a Dios con todo lo que somos y tenemos, ése es nuestro servicio lógico.[19]

f. Apocalipsis 4:1-11. La adoración eterna

«Y siempre que aquellos seres vivientes dan gloria y honra y acción de gracias al que está sentado en el trono..., los veinticuatro ancianos se postran delante del que está sentado en el trono, y adoran al que vive por

---

[19] La mejor traducción para «culto racional» (λογικεν λατρειαν) sería la de verdadera liturgia, verdadera adoración espiritual.

• EL CULTO CRISTIANO:
SU DEFINICIÓN, PROPÓSITO Y ELEMENTOS PRINCIPALES •

los siglos de los siglos y echan sus coronas delante del trono diciendo: Señor, digno eres de recibir la gloria y la honra y el poder; porque tú creaste todas las cosas, y por tu voluntad existen y fueron creadas.»

En este último texto veremos como será la adoración celestial. Debido a todo el lenguaje figurado, cargado de símbolos, profecías y descripciones de la segunda venida y de eventos futuros, hay que acudir con cierta cautela a la lectura de Apocalipsis.[20] Después de una descripción de la visión terrenal del apóstol Juan en los 3 primeros capítulos, se pasa, en el capítulo 4 a una descripción de la visión celestial. Después de hablar de toda la problemática de las iglesias de Asia, llenas de conflictos y pecados; ahora, con la visión del cielo, se nos introduce en un ambiente de perfección y santidad: la adoración celestial. Dentro de las muchas interpretaciones que se dan para describir a los 24 ancianos y a los 4 seres vivientes, nos decantamos por la más aceptada por la mayoría de los exégetas.

Lo primero que se menciona es la visión de la presencia gloriosa de Dios sentado en su trono. Esto nos habla de su majestad, autoridad y dominio sobre todo lo creado. Los 24 ancianos vestidos de ropas blancas, coronados y entronados, bien pueden representar a la totalidad del pueblo de Dios, el nuevo pueblo formado tanto por las 12 tribus de Israel, como por la totalidad de los gentiles, representados también por el mismo número.[21] Las vestiduras blancas simbolizan la pureza, y las coronas, simbolizan la recompensa para los redimidos.[22] Es decir, que los 24 ancianos representan la iglesia al completo que un día adorará eternamente a Dios en su misma presencia.

---

20 José María Martínez ya lo advierte: «Los problemas exegéticos del Apocalipsis, exceden ampliamente a los que puede ofrecer cualquier otro libro de la Biblia». *Hermenéutica Bíblica*, op. cit., p. 525.
21 El número 12 representa la perfección, y si 12 eran las tribus de Israel, indicando la totalidad del pueblo escogido, dicho número también puede usarse para hablar de la totalidad de los gentiles. Ambos números sumados, hacen 24, que pueden representar el nuevo pueblo de Dios compuesto de judíos y gentiles.
22 2 Ti. 4:8; Stg. 1:12; 1 P. 5:4; Ap. 2:10.

•El culto cristiano•

Respecto a los cuatro seres vivientes (4:7), la interpretación más aceptada es que representan lo mejor de la naturaleza. Dentro de la numerología el 4 simboliza la creación, y los cuatro animales descritos, representan lo más noble de cada especie (el león posee la supremacía entre las fieras, el buey entre el ganado, el águila entre las aves, y el hombre posee la supremacía entre todas las criaturas). Barclay dice: «los animales representan toda la grandeza, la fuerza y la belleza de la Naturaleza, a la que vemos aquí sirviendo y alabando a Dios.»[23]

Por tanto si afirmamos que los 24 ancianos simbolizan al pueblo de Dios y los 4 seres vivientes representan la creación, concluimos que la humanidad y la naturaleza, se ven aquí representados y unidos en un culto perpetuo de adoración y alabanza. El principio bíblico que se desprende del texto, es que todo lo creado por Dios, finalmente cumple el propósito para el que fue creado: rendirle culto en adoración eterna.

En base a todos estos textos, que nos hablan de distintos aspectos del culto y de la adoración, y que vienen a corroborar algunas conclusiones a las que ya habíamos llegado, mencionamos distintas características de la adoración:

- La adoración es un deseo innato en el ser humano (Mt. 2:11)

- La adoración ha de estar centrada sólo en Cristo (Mt. 4:10)

- La adoración involucra a la totalidad de la persona (Ro. 12:1, 2)

- No hay un lugar específico de adoración (Jn.4:19-24)

- La adoración será el propósito principal de los redimidos en el cielo (Ap. 4)

---

23 Barclay, William, *Comentario al Nuevo Testamento, Apocalipsis I*, CLIE, Barcelona 1999, p. 183.

III. EL PAPEL DE LA LITURGIA EN EL CULTO

Una vez que hemos definido el culto, terminología, propósito, y textos principales, sería bueno plantearse cómo llevarlo a cabo, bajo qué parámetros desarrollarlo. ¿Lo hacemos respondiendo a la espontaneidad del momento? ¿Lo hacemos siguiendo unas formas fijas? ¿O lo hacemos dentro de unos principios de orden que dejen cierta libertad? Cualquiera que fuese nuestra respuesta, las tres preguntas evidencian la necesidad de formas litúrgicas sanas, aplicadas con rigor pero con frescura, y, sobre todo, superando los «prejuicios» que la palabra liturgia pueda despertar.

a. Definiendo liturgia

¿Qué viene a nuestra mente cuando escuchamos la palabra liturgia? Para una gran parte de los cristianos evangélicos, que hemos nacido y vivido bajo un contexto católico romano,[24] la palabra liturgia provoca casi instintivamente cierto grado de sospecha. Enseguida asociamos liturgia a ritualismo vacío o a fórmulas invariables sujetas a un corsé que impide toda acción espontánea y fresca del Espíritu Santo y limita la participación de los fieles a una escucha pasiva. En realidad, quienes así piensan ignoran el auténtico sentido de la liturgia, como veremos enseguida.

Incluso aquellos que anatemizan la liturgia en aras de los cultos «libres» y que la ven como algo pasado de moda y frío, celebran sus cultos con moldes litúrgicos invariables y fijos, aunque no los tengan por escrito. Fijémonos, sin ir más lejos, en la iglesia de Corinto, una comunidad que se jactaba de practicar los dones más «carismáticos», a la que Pablo tiene que advertir en cuanto al orden y la decencia, y que paradójicamente es la única carta paulina, que como veremos más adelante, nos sugiere un posible orden litúrgico:[25] «¿*Qué es lo que se deduce de todo esto hermanos?, Pues que siempre*

---

24 Nos referimos principalmente a los países latinos tanto de Europa como de América.
25 Hay quienes ven otro posible orden litúrgico en 1 Ts. 5:16-23, como también veremos más adelante.

•El culto cristiano•

que os reunáis cada uno contribuya con un salmo, o una enseñanza, o un mensaje directo de Dios o una lengua, o una interpretación, pero que todo se haga para la edificación de la congregación» (1 Co. 14:26).

Etimológicamente hablando, la palabra liturgia[26] está formada por dos vocablos griegos que derivan de *laos* (pueblo) y de *ergon* (obra). Por tanto, en su etimología significa «la obra, el trabajo del pueblo». El liturgo sería aquella persona responsable de guiar, conducir y animar a participar al pueblo, a la congregación, en la Obra de Dios, circunscribiendo lo dicho a los cultos eclesiales. Dice al respecto Max Thurian: *«El culto cristiano sólo puede ser litúrgico, es decir obra del pueblo, cuando sea toda la comunidad la que celebre el culto, nadie debe estar pasivo, es una verdadera acción comunitaria».*[27] La liturgia es, por tanto, el conjunto de elementos que forman el orden del culto y que sirven de cauce y expresión para guiar a la congregación a un encuentro pleno con su Dios. Pero es algo más, es la formulación correcta de esos elementos a fin de que expresen toda la verdad de Dios en una forma adecuada.

Toda liturgia debe ser dinámica y saber adaptarse a los tiempos, pues si bien es cierto que las verdades que nosotros expresamos no cambian, son verdades esenciales de la fe, las palabras y las frases no tienen por qué ser piezas de museo a las que hagamos perder su sentido y convirtamos en frases vacías de contenido y en precocinados ritos religiosos. Suele ocurrir que por el hecho de que algunos elementos de la fe o de la vida cúltica hayan sido mal empleados en el pasado o lo sean en el presente, o ya estén anticuados en sus formulaciones, enseguida los consideramos impropios y caducos, sin darnos cuenta de que su incorrecto empleo debe llevarnos justamente a reivindicar su auténtico lugar, rechazando su mal uso y no el elemento en sí. La auténtica liturgia es aquella que sirve de cauce para expresar nuestra fe, pudiendo nutrirse de siglos de experiencia encauzada y promovida por el Espíritu Santo.

---

26 En Atenas, la palabra liturgia significaba un servicio público ofrecido por un ciudadano común, a su costo o expensas.
27 Citado por Küen, Alfred, *El Culto en la Biblia y en la Historia*, op. cit., p. 29.

• El culto cristiano:
su definición, propósito y elementos principales •

b. Liturgia o rito

¿La liturgia ha de diferenciarse del rito[28] o ritual? Hay quienes ven el rito como la repetición invariable de gestos, palabras o movimientos que permanecen inmutables al paso del tiempo, es decir, como una «liturgia disecada». Otros consideran sinónimos ambos términos, dando a «rito o ritual» un uso más general y laico[29] y acotando «liturgia» más al ámbito del cristianismo. Otros consideran «rito» todos aquellos gestos simbólicos que forman parte de la liturgia de un culto, (v. g. el acto de partir el pan durante la celebración de la Cena del Señor, el acto de ponerse en pie la congregación para cantar himnos, o arrodillarse para orar, etc.). Como dice Ronald Ward: «*En este sentido lo ritual es inevitable*».[30]

Aplicado a la esfera del culto, el rito sería el conjunto de actos y gestos que se desarrollan de forma invariable siguiendo un conjunto de normas fijas. Por tanto, el rito, para serlo, no puede cambiar, ha de permanecer invariable. La liturgia, si bien contiene *ritos* y puede decirse que es un *ritual*, no ha de convertirse en *ritualista*, que sería la expresión usada para hablar de una liturgia fría y mecánica. Sintetizando un poco, diremos que «rito» se acerca más al sentido de simbolismo, de representación simbólica de algo; «ritual» sería un sinónimo más universal de «liturgia», y «ritualista» expresaría más bien un sentido peyorativo, como de liturgia vacía o fosilizada.

Es cierto que la liturgia, si bien ha de proveer un orden lógico y elaborado, ha de tener la flexibilidad de adaptarse en su lenguaje y expresión, para seguir sin duda expresando la misma verdad, pero en armonía con la época en que se vive. La liturgia, como ya hemos dicho, no ha de degenerar en ritualismo. Cuando lo hace, realmente podemos decir que se ha convertido en letra muerta.

---

28 Del latín *ritus*, costumbre o ceremonia.
29 Existen rituales de danza o dramatizaciones en muchas culturas y etnias que son más bien mezclas de retazos religiosos, culturales y festivos. En estos casos «rito» o «ritual» se aplica más cómodamente que «liturgia»
30 Ward, Ronald, Rodolfo, Turnbull, *Diccionario de la Teología Práctica, Culto*, Libros Desafío, USA, 1977, p. 3.

•El culto cristiano•

Por todo lo dicho, quizás un amplio sector de los cristianos hemos considerado la liturgia, (o mejor dicho la hemos limitado), a la idea de un rígido orden de culto donde todo está previamente escrito y las oraciones ya están prefijadas de antemano quedando la participación de los fieles limitada a algún esporádico amén o lectura antifonal y al canto de los himnos. Ciertamente esto sería empobrecer la liturgia que siempre ha de ser considerada como un cauce y no como un freno de la expresión del pueblo hacia su Dios. Como bien apunta J. L. Gómez Panete: «*Dios no ha transmitido clichés o fórmulas estereotipadas sino principios basados en su Palabra*».[31]

Sin embargo, y centrándonos ahora en uno de los elementos litúrgicos más discutidos, las oraciones escritas y prefijadas de antemano, que algunos consideran ritualistas, debemos decir que es cierto que pueden degenerar en ello cuando se pronuncian con los labios y no con el corazón, pero también pueden recoger la sabiduría y piedad de siglos, ayudándonos en nuestro diálogo con Dios. No debemos censurar el uso de oraciones leídas en los servicios religiosos, sino el que se hagan o pronuncien como un ritual vacío.[32] Debemos practicar las oraciones libres en nuestros cultos, pero evitando personalismos, vana palabrería, y dirigiéndonos a Dios de una forma respetuosa y sencilla, pues no debemos confundir confianza con chabacanería, ni en público ni en privado. No hay duda de que las oraciones litúrgicas o leídas son más propias de cultos especiales donde se requiere exactitud, buena teología y cierta solemnidad. Es como si al dirigirnos a Dios como el Rey y Soberano del universo, las oraciones litúrgicas recogieran mejor ese aire trascendente de trato diplomático u oficial, mientras que si nos dirigimos a Dios como Padre el trato es más inmanente y personal.

Por ejemplo, y hablando de los himnos o alabanzas, estos, son cantados a pleno pulmón por los mismos detractores de las oraciones escritas, sin darse cuenta que el texto de muchas canciones es una oración escrita, que en

---

31 Gómez, Panete, José Luis, *Cursillo sobre el Culto Cristiano*, obra inédita, Palma de Mallorca 1989, p. 12.
32 «ritualismo.»

• El culto cristiano:
su definición, propósito y elementos principales •

muchos casos ha permanecido invariable a lo largo de los siglos. Con esto no queremos decir que creamos más apropiado el uso de oraciones escritas; creemos que es preferible la espontaneidad y la libre expresión suscitada del momento particular del culto, aunque también (y como ya hemos dicho), debemos aprender a orar. De la misma manera que se enseña doctrina o historia eclesiástica, se debería enseñar y ejercitar a los creyentes para que sepan expresarse y dirigirse a Dios de una forma adecuada,[33] y así como los discípulos le pidieron a Cristo que les enseñara a orar, las oraciones bíblicas y litúrgicas nos ayudan a articular y definir lo que nuestra alma quiere expresarle a Dios.

c. ¿Liturgia u orden de culto?

En el lenguaje común al ámbito cristiano se usan indistintamente ambos términos, aunque técnicamente no sean lo mismo. El énfasis en la liturgia se centra en el elemento o elementos que sirven de cauce a la expresión cúltica: distintos tipos de oraciones, lecturas bíblicas, credos, confesiones, cánticos... etc. Mientras que el énfasis en orden de culto iría más en la línea del lugar que ocupan esos elementos en el desarrollo del culto.

d. La liturgia en la Biblia y en la iglesia primitiva

La Biblia es en sí misma un libro litúrgico, la composición de la mayoría de los salmos responde a una estructura litúrgica, y a lo largo de todo el registro bíblico son varios los pasajes que nos muestran distintas liturgias u órdenes de culto. «*Todos los libros de la Biblia están presentes en los formularios litúrgicos de todos los tiempos. Las Epístolas, sobre todo, desde la epíclesis*

---

[33] El autor recuerda cultos donde en momentos libres de oración se levantaban a orar hermanos que se eternizaban en largas oraciones, u otros que se ponían a pedir por sus familiares, u otros de los que ya se sabía exactamente lo que iban a decir aunque no estuvieran leyendo ningún texto. Gran parte del pueblo de Dios es ignorante o manipulador en cuanto a la manera de orar públicamente.

•El culto cristiano•

inicial, pasando por el cuerpo doctrinal y exhortativo, hasta las salutaciones finales y la doxología, contienen una estructura litúrgica».[34]

En el AT, el libro de Nehemías en su capítulo 8 y versos 1-12, comienza diciendo que todo el pueblo se congregó como un sólo hombre, después de haber finalizado la reconstrucción de los muros de Jerusalén, ofreciendo un culto bajo el siguiente orden:

- Versículos 2, 3. Lectura de la ley de Moisés (proclamación).

- Versículos 4, 8. Interpretación de esa lectura (predicación).

- Versículo 6. Tiempo de adoración comunitaria (adoración).

- Versículo 10. Tiempo de compartir alimentos y festejar (comunión).

En el Nuevo Testamento contamos desde luego con el ya comentado pasaje de Hechos 2:42 donde se mencionan los elementos principales del culto y donde no podemos aislar un determinado orden, pues casi se diría que los primeros cristianos vivían un culto permanente, pues se reunían cada día por las casas, partiendo el pan y comiendo juntos, alabando a Dios, orando y leyendo la Palabra. Por otro lado, dentro del contexto de la iglesia de Corinto (donde se daban entre otras cosas, divisiones y mal uso de algunos dones), Pablo, en el capítulo 14 y versículo 26, de su primera carta, desvela un posible orden de culto (dentro del desorden que se daba) sugerido por él para los corintios: *«¿Qué es lo que se deduce de todo esto hermanos?, Pues que siempre que os reunáis cada uno contribuya con un salmo, o una enseñanza, o un mensaje directo de Dios o una lengua, o una interpretación, pero que todo se haga para la edificación de la congregación»*, Había, por tanto:

- Himnos (los salmos siempre se cantaban).

- Exposición de la Palabra.

---

[34] Gómez Panete, J. L., *La Biblia en el culto personal, en la familia, y en la Iglesia*, op. cit. p. 13.

•El culto cristiano:
su definición, propósito y elementos principales•

- Profecía.

- Mensaje en lenguas si había interpretación.

- Y finalmente el mandato apostólico de hacerlo todo para edificación de la congregación, decentemente y en orden.[35]

De aquí se deduce que cuanto más dramáticas sean las manifestaciones de dones carismáticos, más deben sujetarse a un orden y a la propia Palabra. Se desprende también del texto que en la era apostólica muchos cultos no estaban sujetos a un ministerio profesional, sino que eran espontáneos y con participación libre.

Algunos eruditos han visto un posible orden de culto en I Tesalonicenses 5:16-23. El contexto inmediato del pasaje nos habla del reconocimiento y respeto que se debe a los pastores y obreros en su servicio cultual, y de la propia labor pastoral (12-14). A partir del versículo 16 se van desgranando una serie de recomendaciones por este orden:

- Versículo 16 «Estad siempre gozosos».

- Versículo 17 «Orad sin cesar».

- Versículo 18 «Dad gracias en todo...».

- Versículo 19 «No apaguéis al Espíritu».

- Versículo 20 «No menospreciéis las profecías».

- Versículos 21, 22 «Examinadlo todo; retened lo bueno. Absteneos de toda especie de mal».

- Versículo 23 «Y el mismo Dios de paz os santifique por completo, y todo vuestro ser, espíritu, alma y cuerpo, sea guardado irreprensible para la venida de nuestro Señor Jesucristo».

---

35 Se supone que el Apóstol no menciona la Santa Cena por considerarlo obvio y porque está mencionando aportes individuales para el culto.

•El culto cristiano•

En este pasaje podemos ver oraciones, acciones de gracias,[36] (17, 18), una posible referencia a la predicación o a la proclamación de la Palabra, (19, 20), una amonestación a escuchar con atención y capacidad crítica (v. 21, 22), y como colofón a lo dicho, una bendición final o doxología (23).

Por último, no podemos dejar de mencionar los pasajes que en los evangelios sinópticos nos mencionan la institución de la Cena del Señor (Mt. 26:17-30; Mr. 14:12-26; Lc. 22:7-23), así como el evangelio de Juan (caps. 13 al 17) que si bien no relata explícitamente acerca de la institución de la Cena del Señor, sí menciona datos importantes que se dieron en el aposento alto durante la celebración de la Pascua. El propio Jesús nos desvela cierta estructura litúrgica que en realidad se mezcla con el ritual judío de dicha fiesta. La importancia de este texto radica en primer lugar, en el hecho de que el *tipo* que era el cordero pascual y que apuntaba hacia Cristo y su sacrificio, obtiene su cumplimiento al entrar en escena el verdadero Cordero pascual, el *antitipo* que era Cristo. En aquel aposento alto la Pascua deja de ser y la Cena del Señor, instituida allí mismo, pasa a convertirse en el nuevo símbolo de la celebración cristiana. Los elementos nuevos que Jesús introduce dentro del ritual que se daba para la celebración pascual, son:

- Lavamiento de pies.[37]

- Predicación.[38]

- Oración de intercesión.[39]

- Institución de los símbolos del pan y el vino, la eucaristía

- Canto de un himno

---

36 Sobreentendemos en estas acciones de gracias [eucaristía], la celebración de la Mesa del Señor.
37 Este acto simbólico está mencionado en Juan 13.
38 Los capítulos 14 al 16 del evangelio de Juan, constituyen todo un sermón lleno de importantes enseñanzas.
39 Todo el capítulo 17 de Juan es una hermosa oración, la más larga mencionada en el Nuevo Testamento.

•El culto cristiano:
su definición, propósito y elementos principales•

En cuanto a los siglos posteriores fuera ya del contexto bíblico, hasta principios del siglo III, el culto transcurría más o menos bajo el siguiente orden básico:

- Lectura de la Palabra.

- Cánticos o himnos.

- Oración de pie con plena participación.

- Celebración y acción de gracias con la Cena del Señor.

- Colecta para ayudar a viudas, enfermos, encarcelados, etc.

A partir del siglo III el culto se va a dividir en dos reuniones bien diferenciadas. El culto de la mañana, que pasará a llamarse «liturgia de la Palabra», compuesto por lecturas, predicación y cánticos, al que podían acudir todas las personas que lo desearan, y el culto de la tarde o «liturgia del Aposento Alto», reservada a los bautizados para la celebración de la Santa Cena. A partir del siglo IV y cuando el cristianismo se convierte en la religión oficial del Imperio Romano, la inclusión de elementos tomados del arte y la cultura popular irán convirtiendo los sencillos cultos en fastuosas ceremonias.[40]

Pero en lo que respecta a la Biblia, Dios no nos ha dejado un orden de culto modélico sino más bien principios generales basados en su Palabra. El orden de culto y sus elementos pueden por tanto variar de una congregación o denominación a otra. Sin embargo, consideramos que todo orden de culto o liturgia debe comenzar en oración invocando la presencia del Señor (o reconociéndola, en base a Mt. 18:20), y debe finalizar pidiendo su bendición final sobre la congregación a la que se envía de vuelta al mundo.

---

[40] Para más información sobre las distintas liturgias a lo largo de la historia, *passim* Rodriguez, Sebastián, *Antología de la liturgia cristiana*, CLIE, Barcelona 1999.

IV. EL CULTO Y SUS PARTICIPANTES

a. La asistencia y la participación en el culto

Toda la historia cúltica cristiana relativa a la participación de los fieles, está plagada de ejemplos donde se evidencian distinciones y se establecen prioridades de raza, condición y sexo. Así, bajo el Antiguo Pacto los mejores lugares estaban reservados en orden de prioridad, para los sacerdotes, para los judíos (con separación de mujeres y hombres) y finalmente para los paganos o gentiles. La época de la gracia trajo consigo la abolición de cualquier tipo de distinción de sexo o nación, pues partimos de la base escritural[41] de que todos los hombres y mujeres, sin distinción de raza, cultura o nación, pueden asistir al culto cristiano en igualdad de condiciones.

El culto cristiano es presidido por Dios en su carácter trinitario, oficiado por los ministerios de la iglesia y compartido por todos los creyentes. Debido a su carácter público, la iglesia no debe excluir o privar a nadie de la asistencia a un culto, a no ser ,desde luego, que asista en actitud provocativa y de burla, o se encuentre bajo disciplina extrema.[42]

En cuanto a la participación de la congregación, la Palabra de Dios establece el sacerdocio universal de los creyentes (1 P. 2:8; Ap. 20:6), por el que todos los cristianos tenemos el derecho y el deber de participar en el culto sin que se deba establecer una distinción entre el clero y el pueblo. Todos somos liturgos, es decir, siervos, y de todos se espera que sirvamos conforme a 1 Pedro 4:11 «*Si alguno habla, hable conforme a las palabras de Dios, si alguno ministra, ministre conforme al poder que Dios da, para que en todo sea Dios glorificado*». En cada culto debe promoverse esta clase de partici-

---

[41] Gálatas 3:28; Efesios 2:14, 4.
[42] Enfatizamos lo de «extrema», pues la recomendación a no asistir al culto no debería ser usada como medida disciplinaria por el gobierno de la iglesia, excepto en casos realmente excepcionales.

pación, dentro de un marco de orden y sujeción a la Palabra que evite las manifestaciones meramente emocionales y subjetivas.

b. El papel de la mujer en el culto

Este es un aspecto conflictivo y causa de enfrentamiento doctrinal entre denominaciones. Las posturas varían desde aquellos que limitan el papel de la mujer en el culto a una presencia pasiva y a algún esporádico amén, hasta los que sostienen que su participación y autoridad es exactamente igual en todas las áreas y funciones cúlticas. Es cierto que tanto en el Antiguo como en el Nuevo Testamento, la participación de la mujer, no sólo en la esfera cúltica, sino en la vida pública y social, estaba restringida al máximo y supeditada siempre a la autoridad del marido. Bajo el judaísmo y en el desarrollo de los cultos sinagogales, se seguía el mismo patrón social contemporáneo: la mujer no podía orar, leer, aprender, ni mucho menos pretender dirigir o presidir algún aspecto del culto.

Sin embargo, el primero en romper con estas desigualdades fue el propio Jesús.[43] Su actitud frente a las mujeres constituyó un auténtico agravio al judaísmo. Las mujeres recibieron de Él enseñanza directa, le seguían y fueron las primeras mensajeras de las buenas nuevas de salvación. Incluso la iglesia primitiva otorgó a la mujer privilegios sin precedente hasta entonces. La declaración en Gálatas 3:28 de que ya no hay griego, ni judío, ni hombre, ni mujer, sino que somos uno en Cristo, parece acabar de evidenciar que el papel de la mujer está en igualdad con el del hombre. Pero el propio Pablo, que escribe sobre la igualdad del hombre y la mujer, declara en 1 Corintios 14:34 y 1 Timoteo 2:12 que no permite a la mujer enseñar y que ésta, además, debe callar en la congregación. Podemos argumentar que se debe a factores culturales y costumbres sociales de la época, pero en cualquier caso

---

43 Citas que atestiguan el rol activo de la mujer en el NT: Lucas 8:1-3; Marcos 15:41; Lucas 10:42; Hechos 16:13-15; 18:26; 21:9; 1 Corintios 11:5; Filipenses 4:2-3 ; Gálatas 3:28.

• El culto cristiano:
su definición, propósito y elementos principales•

esos textos han sido motivo de polémica por generaciones. El Dr. Justo González dice al respecto:

> «El lugar de las mujeres en la jerarquía eclesiástica ha sido mal interpretado. Puesto que en el siglo segundo todos los oficiales de esa jerarquía eran varones, se ha pensado que lo mismo fue cierto en la iglesia primitiva. Pero el Nuevo Testamento nos da a entender otra cosa. Felipe tenía cuatro hijas que "profetizaban" es decir que predicaban. Febe tenía el rango de diácono en Cencrea. Y Junias se cuenta entre los apóstoles..., pero todavía a principios del siglo segundo Plinio le dice a Trajano que ha hecho torturar a dos "ministras" de la iglesia cristiana.»[44]

Respondiendo a la pregunta de si la mujer puede participar en los cultos, debemos responder afirmativamente y extendiéndolo no sólo al área cúltica, sino también a cualquier aspecto ministerial.

c. Las aclamaciones litúrgicas en el culto

Nos referimos a las manifestaciones programadas o espontáneas con las que los fieles participan en el culto («amén», «aleluya», «hosanna», «gloria a Dios», junto con distintas expresiones corporales). Dichas expresiones, deben venir como respuesta a lo que se está manifestando durante el culto, y sirven principalmente para refrendar, aprobar o expresar sentimientos de júbilo y gozo. Son palabras, en boca de san Agustín, «*breves de sonido y llenas de espíritu*». Adalbert Franquesa lo expresa así:

> «El amén como el aleluya y el hosanna son palabras que no admiten traducción literal..., traducirlas sería limitarlas porque más que un concepto o un afecto determinado, expresan un estado de ánimo, algo que se presiente y se vive profundamente, pero que trasciende cualquier definición o descripción..., son palabras casi divinas cantadas eternamente por

---

44 González, Justo, *Historia del Cristianismo (Tomo I)*, UNILIT, USA, 1994, p. 116.

•El culto cristiano•

la iglesia triunfante y que nos dan una pregustación del cielo. Palabras llenas de misterio, como caídas de la mesa del convite eterno para consuelo y esperanza de los mortales.»[45]

Es cierto que el uso ligero y a veces fácil de estas expresiones ha propiciado que en muchos casos se hayan convertido en fórmulas vacías o estereotipos huecos. Pero como ocurre con toda expresión cúltica que puede caer en rutina, nuestra preocupación debe ser hacer todo por convicción y no por costumbre. Las aclamaciones, por tanto, deben de ser expresiones de alabanza, adoración, confesión, suprema afirmación, e identificación con lo que se celebra.

Amén: Su significado en hebreo es «así sea, en verdad, ciertamente» y supone una firme aprobación y adhesión a lo que se dice, declara o lee. Su uso está mucho más extendido en el Nuevo que en el Antiguo Testamento. 13 veces aparece en el AT y 47 en el NT, donde el *amén* constituye el final de la mayoría de las epístolas.

Aleluya: Se compone de las palabras hebreas *halelu* alabar y *Yah* Dios. Por tanto su significado etimológico es «alabar a Dios o alabo a Dios». Su uso está más extendido en el Antiguo (sobre todo en los Salmos, 26 veces), que en el Nuevo Testamento, donde sólo lo encontramos en el libro del Apocalipsis, (Ap. 19:1, 3, 4, 6).

Se cree que tanto el amén como el aleluya provienen del culto en la sinagoga y por tanto van unidas al cristianismo desde sus inicios.

Hosanna: Significa «salva, salud, ayúdanos ahora» aunque también se usa como una exclamación de alegría y triunfo, quizás la menos practicada. Al igual que el *amén* y el *aleluya*, el *hosanna* se ha recibido de la liturgia del Antiguo Testamento, conservándose en su lengua original hebrea y limitándose a adaptar la transcripción. Su uso está limitado a los evangelios de

---

[45] Franquesa, A., *Las aclamaciones de la comunidad*, Centro de Pastoral Litúrgica, Barcelona 1995, p. 12.

• El culto cristiano:
su definición, propósito y elementos principales •

Mateo (21:9,15), Marcos (11:9,10), y Juan (12:13), en el contexto de la entrada triunfal en Jerusalén.

Maranatha: Es un término arameo compuesto de *Mar* que significa «Señor», *ana o an* que significa «nuestro» y *tha* que significa «ven». Se traduce «Señor nuestro ven» o «El Señor viene». Se incorporó al lenguaje de alabanza en forma de oración y como advertencia gozosa a estar preparados ante la inminente venida del Señor. Sólo se encuentra en 1 Corintios 16:22.

En cuanto a las expresiones corporales que se usan como manifestaciones cúlticas espontáneas, figuran:

Las palmas: Como una respuesta y reacción dinámica y espontánea que acompaña a la expresión de alabanza. (Ez. 6:11; Sal. 47:1; 98:4; Is. 55:12).

Las manos: Juntas o enlazadas, no tienen antecedente bíblico, pero en la historia del cristianismo expresan devoción, oración y recogimiento. El golpearse el pecho era señal de convicción de pecado y arrepentimiento, (Lc. 18:13, 23:48). Las manos alzadas expresan alabanza, sometimiento y entrega a Dios (Sal. 28:2; 44:20; 119:48; 134:2; Lc. 24:50; He. 12:12).

La danza: Es una expresión corporal rítmica y dinámica que expresa gozoso júbilo y que involucra todo el ser de la persona. Debe producirse dentro de un ambiente de orden y respeto, sin negar la espontaneidad e incluso el sentido festivo. (2 S. 6:5, 14; Sal. 149:3; 150:4).

A continuación mencionamos distintas posturas corporales como:

Estar de pie: Evidencia respeto, profesión de fe, acto de presencia y defensa del evangelio. (Neh. 9:2, 3; 2 Cr. 20:13; Mt. 6:5).

Ponerse de rodillas, postrarse, prosternarse:[46] Evidencia confesión, rendición, arrepentimiento y humillación (Gn. 17:17, 18:2; 1 S. 24:9; 1 R. 1:16; Esd. 9:5; Sal. 95:6; Ap. 4:10, 5:8).

---
46 Indica la idea de echarse con el rostro contra el suelo en señal de total sumisión y reconocimiento.

•El culto cristiano•

Estar sentados: En el desarrollo cúltico expresa disposición para recibir y atención, así como confianza y descanso. También era una posición que indicaba autoridad y ejercicio de gobierno. (Jue. 20:26; 1 R. 1:17; Esd. 10:9; Mt. 5:1; Col. 3:1).

Debemos concluir este apartado diciendo que todas las aclamaciones, expresiones y posturas corporales han de ser evidencia externa de una realidad interior de adoración.

d. Culto personal y familiar

Hemos visto hasta el presente qué es el culto cristiano, junto con diferentes aspectos del mismo. Queremos ahora hablar del verdadero «secreto» del culto cristiano, pues aunque éste se exprese de forma pública el domingo, ha de gestarse y nacer de una vida privada de devoción y comunión con Dios. O dicho de otra manera, parte del secreto del culto público es la devoción privada. No debemos entender el culto dominical como un lapsus religioso dentro de una vida profana, no se trata de vivir durante la semana a expensas de una relación con Dios posponiendo esta para el culto dominical[47] ¡Enérgicamente no! El culto del domingo ha de provenir y nutrirse de un culto de vidas santas y santificadas todos los días de la semana, el culto dominical ha de ser la expresión de toda una vida personal orientada hacia Dios; sólo entonces tendrá razón de ser.

> «EL culto a nivel personal, no es sólo un diálogo agradecido y gratificante por parte del hombre con Dios, es a la vez la recuperación de su integridad perdida..., es la ceremonia festiva de la vuelta al hogar perdido, a la comunión con Dios. La piedad personal fraguada en el diálogo vivo y fresco del hombre con Dios, mediante su Palabra, es el crisol de una

---

[47] Reconocemos el ejemplo dejado por la Iglesia Primitiva que celebraba diariamente el culto por las casas. Asimismo la denominación española «Iglesia de Filadelfia» celebra sus cultos prácticamente a lo largo de toda la semana.

•El culto cristiano:
su definición, propósito y elementos principales•

liturgia que, partiendo del individuo, trasciende a la familia y a la iglesia para revitalizarla... Si la liturgia no es el testimonio de un encuentro personal del hombre con Dios, no tendría sentido. Todo resultaría un ceremonial vacío e incomprensible.»[48]

Al principio la relación de Dios con el hombre en el contexto de la creación era a nivel personal. Es el propio Dios quien busca al hombre ya caído y temeroso «¿Donde estás tú?» (Gn. 3:9). En la época patriarcal, la relación con Dios se establecía a través del patriarca o padre de familia, y la promesa que Dios le hace a Abraham, sobre que será una nación grande, pasa por la bendición de la familia, pues ésta, está involucrada en el llamamiento, las promesas y el propósito de Dios para las naciones (Gn. 12:1-3). Posteriormente, cuando el pueblo hebreo sale de Egipto, su relación con Dios (aunque en principio es a través de Moisés), ya se va estableciendo en términos corporativos, de nación escogida. En el modelo bíblico, vemos, por tanto, cómo la relación y revelación de Dios hacia el hombre se fundamenta en términos primero personales, luego familiares y, finalmente, corporativos.

Recordamos en esta línea las palabras de Pablo a Timoteo cuando le aconseja que en el ejercicio de su ministerio lo prioritario es «cuidarse de sí mismo» (1 Ti. 4:16). En el ámbito familiar no olvidemos que nuestra primera iglesia es nuestra familia, y ésta ha de ser modelo y opción distintiva ante la sociedad secular que nos contempla. Debemos asimismo reseñar que entre los requisitos de diáconos y obispos coincide la Palabra en resaltar como uno de los principales el de gobernar y tener en sujeción a la familia y los hijos, (1 Ti. 3:4, 12). Ese es el orden natural establecido por Dios y el culto eclesial sólo se verá plenamente expresado y bendecido cuando provenga de un culto personal y familiar ya satisfecho. Reiteramos por tanto que toda relación devocional del hombre con su Dios (es decir todo culto personal), vendrá a significar un notable refuerzo de los lazos familiares (culto familiar) y comunitarios (culto eclesial).

---

48 Gómez, Panete, J. L. *La Biblia en el Culto Personal, en la Familia y en la Iglesia*, op. cit., p. 39.

•El culto cristiano•

Sin embargo, no queremos dar la impresión de fomentar una postura «individualista y subjetiva» que supedite el culto a la disposición o participación individual, pues es claro que el individuo no sostiene el culto, participa de él aportando unas veces más otras menos.[49] Siempre es Dios quien preside tanto el culto personal como el comunitario, y aunque es cierto que el culto varía en función de la actitud y disposición de los fieles, el énfasis no se hace sobre la congregación sino sobre el Dios que la convoca, que es un Dios que no cambia nunca.

---

49 Hay ocasiones en las que el creyente asiste al culto con «las manos vacías» y con la necesidad de llenarse en silencio, como quien acude a la fuente para calmar su sed o al refugio para encontrar abrigo y consuelo.

V. LA PRESIDENCIA DEL CULTO

a. ¿Introducción o presidencia?

Todo liturgo debe tener muy presente que la presidencia de un culto implica una firme dirección, pues cuanta más libertad tenga la congregación para expresarse, tanto mayor ha de ser la labor del presidente para saber darle un cauce equilibrado, animando la participación de los hermanos o limitando la de aquellos que por afán de protagonismo quieran monopolizar el culto. El liturgo ha de procurar que todo se haga decentemente y en orden, y en ese empeño santo habrá de emplearse tanto con autoridad como con tacto pastoral.

Por tanto, y ante tal responsabilidad, hay quien pueda sentir la tentación de simplemente «introducir» los elementos del orden del culto de una manera mecánica, sin realmente involucrarse y sin dejar apenas lugar a la participación de la comunidad por temor a no saber dirigirla y encauzarla. El riesgo de un culto bendecido pasa por la acción libre del Espíritu Santo,[50] por la frescura y espontaneidad del momento litúrgico, pues en definitiva la liturgia no es un fin en sí misma, es la plataforma de lanzamiento, no es un molde inamovible, es una catapulta hacia la adoración comunitaria, y quien asume los riesgos recibe las bendiciones. De manera que el culto no se introduce asépticamente, se preside con autoridad espiritual y unción, involucrando todo el ser.

b. ¿Quién está capacitado para presidir?

Después de lo dicho creemos que queda suficientemente claro que la presidencia del culto no se puede dejar en manos de un neófito o de alguien

---

50 Pronunciamos esta frase con cierta cautela. No queremos decir que el liturgo tenga que hacer caso a cualquier sentimiento subjetivo que llegue a su mente, sin embargo, durante la celebración de un culto el ambiente de adoración suscitado en ese momento, puede dar lugar a algún cambio en la liturgia programada. Por ello la liturgia ha de ser siempre flexible.

• El culto cristiano •

a quien estemos dando lugar a que se involucre en el ministerio. El banco de pruebas para estos casos son las reuniones semanales de la iglesia: grupos o células familiares, reunión de oración, de señoras, estudios.. etc. La responsabilidad es tal, que el presidente debe considerarse como el canal del que Dios se sirve para ministrar a su pueblo. De manera que la presidencia de los cultos debe reservarse al pastor, los ancianos o presbíteros o algún otro hermano capacitado al que ocasionalmente se le otorgue tal responsabilidad.

c. La labor del presidente

La presidencia del culto es uno de los ministerios de mayor responsabilidad. No en vano uno de los dones para el servicio y edificación de la iglesia, es el don de presidencia, mencionado en Romanos 12:8. El liturgo o presidente ha de tener mucha sabiduría y madurez para saber conducir el desarrollo del culto y llevarlo a ser ese encuentro gozoso y festivo de Dios con su pueblo, sorteando afanes de protagonismo, personalismos, desórdenes, intervenciones inoportunas, y teniendo la valentía y el discernimiento de saber dar paso a los cambios que suscite el Espíritu Santo en momentos puntuales del desarrollo del culto.

La responsabilidad es por tanto muy grande y nos atrevemos a decir que aun mayor, o al menos igual, que la de aquel que llevará el ministerio de la Palabra. Toda presidencia[51] ha de venir en primer lugar de un vaso limpio; la persona que va a presidir ha de llevar una vida de santidad y devoción personal que le reconozca y le capacite para la labor de liturgo. La oración momentos antes de comenzar el servicio (si es posible en compañía de los ancianos o del predicador de turno) es esencial para recibir la bendición y rogar por la congregación y el desarrollo del culto.

---

51 La autoridad del presidente le viene dada por tener él mismo, una vida presidida por Dios.

• EL CULTO CRISTIANO:
SU DEFINICIÓN, PROPÓSITO Y ELEMENTOS PRINCIPALES •

d. Las vestiduras del presidente o liturgo

La jerarquía eclesiástica y el clericalismo en el que fue derivando la iglesia a partir de los primeros siglos del cristianismo, se evidenció de manera clara en el uso de vestiduras supuestamente sagradas,[52] en las que incluso los colores y formas mostraban el grado jerárquico, y que finalmente dejaron de ser privativas de los oficios religiosos pasando el sacerdote a usarlas permanentemente[53] y en la vida cotidiana.

En las iglesias nacidas de la Reforma no es costumbre el distinguirse de los fieles usando ropajes especiales, y mucho menos el marcar diferencias entre el clero y el pueblo a través de ellos. El sacerdocio universal de los creyentes establecido en la Palabra de Dios,[54] rompe toda diferencia y separación de casta sacerdotal, estableciendo para todos los creyentes la libertad de entrar directamente a la presencia de Dios (He. 10:19). La Biblia no nos menciona nada en relación al uso de vestiduras especiales bajo la nueva dispensación de la gracia.

El uso dentro de la iglesia anglicana de este tipo de vestiduras se considera herencia de la tradición católica.[55] Asimismo, muchas de las denominaciones históricas de tradición reformada y luterana usan una especie de toga para los servicios religiosos que no pretende marcar diferencias entre el liturgo y el pueblo, sino reconocer una preparación académica y teológica, así como una autoridad espiritual. Mencionar que dichas togas son tomadas de la esfera civil, siendo las vestiduras propias de jueces y magistrados.

---

[52] Talares, albas y casullas eran los nombres más comunes dados a estas prendas eclesiásticas.
[53] Sotana o loba son los nombres dados a estas prendas.
[54] 1 Pedro 2:9; Hebreos 10:19.
[55] En la tradición católica y aún en algunas denominaciones protestantes se usan colores litúrgicos para los ornamentos del culto y para las vestiduras sacerdotales, variando estos según la época del año eclesiástico: blanco, negro, rojo, verde y violeta.

•El culto cristiano•

Por tanto afirmamos que no hay un ropaje especial para el que preside, sino más bien unos principios de simple decoro. Quien preside debe presentarse revestido de la dignidad de Dios tanto por dentro como por fuera, sabiendo usar para cada ocasión todo lo que comunica su forma de vestir.[56]

---

[56] Todas las culturas comunican algo mediante su forma de vestir y en todas hay prendas que se usan para momentos informales y cotidianos, otras para actos solemnes o fiestas nacionales y otras para expresar duelo y respeto.

VI. ¿DÓNDE Y CUÁNDO CELEBRAR EL CULTO?

a. El ámbito espacial

En la conversación de Jesús con la Samaritana en Juan 4, se ve la preocupación y el enfrentamiento histórico entre judíos y samaritanos cuando la mujer le plantea a Jesús el dilema sobre el lugar correcto de adoración, si Gerizim o Jerusalén. La respuesta de Jesús en el versículo 21 *«Mujer créeme que la hora viene cuando ni en este monte ni en Jerusalén adoraréis al Padre»*, no deja lugar a la duda; no debe haber ningún lugar que pretenda ser centro especial de adoración, como lo puede ser la Meca para los musulmanes o la catedral de San Pedro en Roma para los católicos. El lugar no es lo importante, y a lo largo de todo el Nuevo Testamento vemos que los cristianos se reunían tanto por las casas como en las sinagogas, o bien al aire libre.

La Ley judía establecía un mínimo de 10 personas para el culto en la sinagoga, pero nuestro Señor lo redujo a dos o tres *«Porque donde están dos o tres congregados en mi nombre, allí estoy yo en medio de ellos» (Lc. 18:20)*. ¿Dónde? ¿En qué lugar? El texto no lo especifica y por tanto deducimos que cualquier lugar es bueno para celebrar un culto, no existiendo locales ni templos a los que podamos considerar sagrados ni exclusivos para celebrarlo, pues cualquier lugar es santificado no por el lugar físico en sí, sino por la presencia de Cristo convocada y manifestada en medio de los que le buscan en espíritu y en verdad. Desde luego un local habilitado *ex profeso* como templo ayuda e invita a la adoración y se asume que toda congregación disponga de uno propio.

Por tanto, lo que «hace iglesia» y constituye el culto, no es el local, el templo, sino la presencia de los fieles reunidos en el nombre de Jesús. Esto se ve claramente bajo el Antiguo Testamento, pues es cierto que hay lugares especiales que llegaron en la historia bíblica a convertirse en lugares de culto, lugares de epifanía divina, como Betel, Mamré, o la propia Jerusalén; pero la presencia de Dios no se detuvo en esos lugares sino que acompañó al

•El culto cristiano•

pueblo hebreo en su peregrinaje por el desierto y en su establecimiento en la tierra prometida. Eran el pueblo del arca de la alianza, y la propia presencia de Dios contenida allí y encabezando la marcha por el desierto nos habla de un Dios que permanece con su pueblo allá donde éste se dirija. Un Dios que aunque se destruya el templo donde se le adora, no por ello pierde su divinidad, pues no es prisionero de ningún lugar. La teología del Antiguo Testamento también enseña que el lugar de la presencia de Dios, se encuentra en medio del pueblo que le invoca, independientemente del marco espacial donde éste se encuentre.

b. El ámbito temporal

Los primeros cristianos no abandonaron inmediatamente el culto judío del sábado (sabbath) para sustituirlo por el culto cristiano en los hogares los domingos (Lc. 24:51-53; Hch. 3:1). Primeramente acudían los sábados al Templo o a las sinagogas para escuchar la lectura de la Ley, participar de los sacrificios y de las oraciones litúrgicas, y después, el domingo el día de resurrección, celebraban a Cristo en los hogares perseverando en la doctrina, la comunión, el partimiento del pan y las oraciones, como nos menciona Hechos 2:42. En realidad celebraban lo que el sábado prometía o esperaba: la llegada del Mesías salvador. El propio Jesús no rompe bruscamente con el sábado, más bien se sirve de él para cumplir su ministerio. En ese día predica en las sinagogas (Mr. 6:2; Mt. 4:33; Jn. 5:59) y realiza la mayoría de sus milagros (Mt. 12:9-13; Mr. 1:21; Lc. 13:10; Jn. 5:1), Von Allmen dice al respecto:

> «La actitud de Jesús con respecto al sábado, es pues manifiestamente escatológica y mesiánica: Él muestra que la antigua alianza ha alcanzado su término y que una nueva economía comienza para la historia de la salvación. Las fiestas judías en general y el sábado en particular, no eran más que sombra de lo futuro, cuya realidad es Cristo.»[57]

---

57 Von Allmen, J. J. *El Culto Cristiano*, op. cit. , p. 225.

• El culto cristiano:
su definición, propósito y elementos principales •

Los domingos o días del Señor eran en principio días laborales por lo que los cultos se celebraban a primera hora de la mañana o bien a la caída de la tarde, es decir, antes de comenzar o finalizar las labores cotidianas. En el libro de Hechos se nos dice que los cristianos se reunían todos los días (Hch. 2:46), primero en el Templo y después en las casas; pero el culto del domingo fue adquiriendo protagonismo y ya en Hechos 20:7 se nos dice que los cristianos se reunían el primer día de la semana para partir el pan. Asimismo en 1 Corintios 16:2, Pablo pide a los corintios que la colecta para la obra del Señor se haga el primer día de la semana. En realidad el domingo viene a simbolizar la nueva economía, completando y superando todo el sistema legalista sabático.

> «Pero si Jesús es la realidad del sábado, como es la realidad del templo y de los sacrificios de la antigua alianza y de la circuncisión, pone fin al sábado al realizarlo, como pone fin al templo, a los sacrificios o a la circuncisión. En otros términos, el día del culto cristiano tampoco será el sábado, sino otro día. El sábado es realizado y rebasado. Si esto es así, mantener el sábado judío sería caer en la antigua alianza, como si Cristo no hubiese venido. Y en efecto se ve que los cristianos se reunían desde el origen en otro día: el que sigue inmediatamente al sábado..., por tanto, ¿no se puede suponer —según el testimonio joánico particularmente— que el mismo Cristo, al resucitar en el primer día de la semana y al volver a venir a los suyos un mismo día, designó implícita o explícitamente, ese día como el de su encuentro regular con la iglesia hasta la parusía..?.»[58]

Con Jesús comienza el séptimo día, Él resucitó en domingo, por tanto es lícito celebrar en ese día el culto a Dios, un culto de esperanza pues la promesa de resurrección se ha cumplido. Las Escrituras nos hablan del día del Señor o primer día de la semana (Hch. 20:7, 1 Co. 16:2), por tanto el primer día de la semana pasa a ser el día del Señor, o lo que es lo mismo "domingo»[59] (del latín *dominus* Señor). Sin embargo, aunque se considere el domingo

---

58 Ibid, pp. 226-229.
59 En realidad nuestra semana es tomada del calendario semanal babilónico: Sol, Luna, Marte, Mercurio, Júpiter, Venus, Saturno.

•El culto cristiano•

como el día del Señor por excelencia, la Palabra no nos priva de celebrar otros cultos el resto de los días, pues cualquier día es bueno y aceptable para el culto comunitario. En realidad, lo esencial es consagrar un día al Señor, si bien el domingo tiene el atractivo de ser el día normativo de descanso semanal, el día en el que el Señor resucitó y el día «oficial» de culto general en las iglesias cristianas.

c. El año litúrgico o eclesiástico

El año o calendario litúrgico no es sino un desarrollo calendarizado a lo largo del año de los acontecimientos más importantes de la vida de Jesús,[60] o dicho de otra manera, es la celebración de los hechos histórico salvíficos cumplidos en la persona de Jesús de Nazaret. Es difícil encontrar el momento histórico de la normalización del calendario litúrgico, pero es muy probable que se formara a partir de la fiesta de la Pascua dentro de los primeros siglos del cristianismo apostólico, pues ésta aparece precedida de una preparación en semanas que incluía ayunos y fiestas de gozo y esperanza. Posteriormente (hacia el siglo IV) se comenzó a celebrar el nacimiento de Cristo.

Es a partir de estos dos grandes ciclos, Pascua y Navidad, que se ha ido completando el año litúrgico, o más bien adulterando con más o menos cambios y polémicas a lo largo de la historia, sobre todo con la inclusión de festividades a la virgen y a los santos. Sin embargo, la reforma aligeró de peso el abultado calendario litúrgico y lo redujo a las festividades de contenido netamente cristológico.

> *«Durante el Adviento esperamos la llegada del Mesías; en Navidad celebramos su nacimiento; en la Epifanía manifestamos su poder salvador al mundo entero; en Cuaresma nos preparamos para morir con Él, durante la Semana Santa morimos con Él; en Pascua resucitamos con Él; y en*

---

60 Por tanto es una auténtica «consagración del tiempo».

• El culto cristiano:
su definición, propósito y elementos principales•

Pentecostés experimentamos la venida del Espíritu Santo que nos guía hacia el futuro. Este breve resumen resalta la naturaleza evangélica del calendario histórico cristiano y su enfoque en la celebración de los hechos históricos de la salvación de Dios.»[61]

Por tanto el año litúrgico si se respeta, debe hacerse atendiendo exclusivamente a la conmemoración y celebración de los grandes hechos salvíficos de la vida de Jesús: su nacimiento en Navidad (precedido de los 4 domingos de adviento), su resurrección y ascensión en la Pascua, (precedido de los domingos de cuaresma) y la venida del Consolador en Pentecostés. Es decir, que debe celebrar única y exclusivamente a Cristo. Para seguir el año litúrgico se establecieron los leccionarios,[62] que según el pastor Sebastián Rodríguez:

> *«Tienen como objetivo el evitar la reincidencia en los textos de la predicación, con lo que se olvidan y quedan marginados otros textos importantes. Así se mantiene un equilibrio entre las lecturas del AT y del NT según cada época del año eclesiástico, y de esta manera es anunciado «todo el Consejo de Dios», siguiendo el tiempo teológico que no siempre coincide con el tiempo cronológico.»[63]*

Hay quienes pretendiendo romper con todo vestigio de ritualismo o tradicionalismo litúrgico en la historia, no celebran ni la Navidad ni la Semana Santa, argumentando que de hacerlo sería comulgar con el sentido pervertido y secular en el que han degenerado estas fiestas, o en el que en principio fueron creadas. Pero volvemos a lo dicho, es preferible celebrarlas recogiendo y reivindicando su auténtico sentido cristiano, y así dar una réplica válida a la paganización cultural de esos eventos, que no celebrarlos, dejando sólo la opción pagana como dueña y señora.

---

61 Webber, Robert, *Planning Blended Worship*, AbingdonPress. Nashville, 1998 (traducido por María Carmona Alonso) pp. 13-34, cita de la p. 5.
62 Se refiere a librillos con listas de lecturas bíblicas (perícopas), para cada día o domingo del año.
63 Rodríguez, Sebastián, *Antología de la liturgia cristiana*, op. cit., p. 661.

•El culto cristiano•

Esquema del año litúrgico

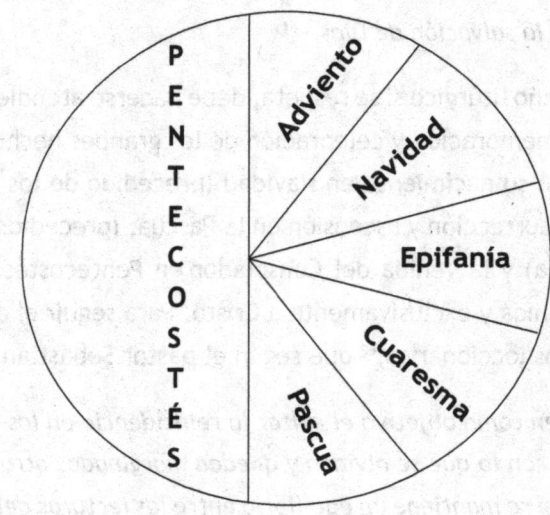

VII. EL MOBILIARIO Y LA DECORACIÓN EN EL CULTO

Para la construcción del Tabernáculo, el santuario de Dios, se dieron por parte de Él instrucciones muy precisas en cuanto a los materiales y a su distribución espacial, lo que nos hace suponer que el mobiliario cúltico es importante y puede encerrar en sí mismo simbolismos que nos animen y ayuden a centrarnos en la presencia de Dios; pues es cierto que la presencia de Dios se comunica no sólo por medio del mobiliario, sino también por el simbolismo que encierra su orientación, sus colores, y el material mismo.

a. En la historia

Cuando el culto a Dios se establecía sobre la base de los sacrificios, aun antes de la construcción del Tabernáculo, en la época patriarcal, el mobiliario esencial, era el altar del sacrificio. Una vez en el desierto del Sinaí y con la presencia de Dios habitando en medio del pueblo hebreo, el rico mobiliario del Tabernáculo (tan exactamente detallado en su construcción) simbolizaba cada uno de los pasos del oferente hacia Dios: el arrepentimiento, la expiación, el lavamiento, la comunión, la oración... etc.

Posteriormente, en la época postexílica una vez que se habían instaurado las asambleas locales, las sinagogas, éstas adoptaron el mobiliario, (púlpito central y arca conteniendo las Sagradas Escrituras) que más les ayudaba a comunicar la verdad que querían enfatizar: centralidad de la Palabra de Dios y su enseñanza. Más adelante, ya en la época cristiana, la iglesia primitiva celebraba sus cultos por las casas o en las catacumbas, siendo la mesa del ágape o comunión donde se compartían los alimentos, su mobiliario esencial.

A lo largo de los siglos posteriores, sobre todo a partir de Constantino y durante toda la baja y alta Edad Media, los templos cristianos experimentan un cambio radical. De los sencillos hogares, algunos de los cuales acabaron usándose exclusivamente para la celebración de los cultos, se pasa, con la cristianización del imperio a partir del siglo IV, a la construcción de imponentes basílicas donde el mobiliario y la decoración no respondieron tanto a un canon bíblico, sino más bien a las directrices culturales y artísticas de la época: crucifijos, reliquias, imágenes y estatuas de santos y vírgenes, retablos ricamente ornamentados, sustitución de la mesa por altares de piedra con carácter sacrificial... etc.

La llegada de la Reforma en el siglo XVI trajo aires de sana austeridad en los recargados templos, despojándolos de todo elemento considerado profano y dejando las bancas para los fieles, la mesa de la comunión y el púlpito o ambón para la predicación de la Palabra como mobiliario suficiente, aunque como más adelante veremos, este celo santo fue llevado hasta el extremo de suprimir elementos legítimos del mobiliario y de la simbología cúltica.

b. En la actualidad

Hoy en día tanto la adquisición de los templos como su decoración y mobiliario se ven en muchos casos parcialmente supeditados a imperativos de funcionalidad, espacio y economía. Todo elemento decorativo en los templos actuales debe ser discreto y no ostentoso, sencillo y no recargado, pues: «*No debemos identificar lo bello con lo moralmente bueno. Debe haber armonía entre lo ético y lo estético*».[64] Los arreglos y ramos florales tienen su lugar aportando un reflejo de la belleza de la creación divina, siempre que no desplacen u oculten otros elementos como la mesa de la comunión o textos bíblicos pintados o enmarcados en las paredes. Cada país debe saber recoger de su cultura y de la historia lo que estime conveniente y teológica o moralmente correcto, para la contextualización de la arquitectura, mobiliario y decoración de nuestros templos.

El mobiliario básico estaría compuesto de un púlpito para la lectura y predicación de la palabra[65] y de una mesa para representar y oficiar la Santa

---

[64] Gómez Panete J. L. *Cursillo sobre el culto cristiano*, op. cit. p. 9.
[65] En muchas iglesias reformadas se utiliza un atril para la lectura y un púlpito para la predicación de la Palabra

• El culto cristiano: su definición, propósito y elementos principales •

Cena, preferiblemente de madera, para no confundirla con la mesa-altar católico romana de carácter sacrificial. La cruz es un elemento central (y diríamos casi obligatorio) en el mobiliario cúltico, pues a pesar de ser un instrumento pagano de tortura,[66] al presentarla desnuda, sin Cristo clavado en ella, nos recuerda que el Señor resucitó venciendo a la muerte y ofreciéndonos la posibilidad de reconciliarnos con Dios. La presencia de una pila bautismal para infantes o un bautisterio para adultos quedaría sujeta a la convicción y doctrina de la congregación.

Hoy en día,[67] muchos templos (debido mayormente a los costes y a la funcionalidad) son locales comerciales o semisótanos, con lo que pierden parte de identidad y presencia visible dentro del marco urbano. En su estética deben ser lugares que inviten a la adoración y al recogimiento, que marquen diferencias con el mundo exterior. Esta singularidad de nuestros templos es necesaria sobre todo en nuestra sociedad decadente, falta de ideales y plagada de relativismo e inseguridad, donde necesitamos apreciar que siguen habiendo verdades eternas y valores absolutos. Por tanto, nuestros templos deberían verse en un sentido como la antesala del cielo, sentirse y respirarse en ellos un ambiente distinto al del mundo exterior. Que se aprecie esa diferencia con el «mundanal ruido» que nos hace bajar la voz, no por miedo o desconfianza, sino por respeto y por conciencia de estar en el lugar comunitario de adoración. Desde luego, y como ya hemos apuntado, sin que eso signifique sacralizar los templos o monopolizar en ellos el desarrollo del culto cristiano, pero sí reconociéndoles cierto aire trascendental.

c. La simbología cúltica

Como ya hemos visto, gran parte del mobiliario cúltico de muchas iglesias responde o ha respondido a una teología y a una simbología[68] propias. Dentro

---

66 La muerte por crucifixión era la tortura «estrella» del imperio romano por su crueldad y lenta agonía. La ley Judía declaraba maldito a todo el que muriera crucificado.
67 Al menos en las grandes ciudades de Europa.
68 Al final del trabajo se ofrece un glosario de simbología cristiana con explicación.

•El culto cristiano•

del arte cristiano creemos conveniente comenzar este apartado definiendo el término símbolo. Proviene de los vocablos griegos *parabolé* (αραβολη) «echar» o «colocar al lado de», y *symballo* (συμβαλλω), «reunir», «juntar», «interpretar». Para su definición diremos que los símbolos son realidades materiales que representan verdades espirituales y teológicas por las analogías que se establece entre ellas, pertenecen al mundo de los signos y nos permiten expresar más profundamente aquello que queremos comunicar.[69] Según S. Barton: *«Los símbolos son formas no verbales de comunicación que expresan pensamientos demasiado profundos para ser puestos en palabras».*[70]

La realidad de Dios, su majestad y grandeza, es difícil de explicar; todo lo místerico y trascendente del cristianismo es difícil de encerrar, definir o racionalizar y ahí donde no llegan las palabras o la razón, encuentra su sentido y lugar la expresión simbólica. Por tanto el símbolo es un puente entre la infinitud de Dios y la limitación del hombre. *«Los símbolos son el lenguaje y los vehículos... de lo sobrenatural. Tratan de la intuición, la imaginación y la emoción.»*[71]

Para muchos cristianos evangélicos, el símbolo es otro de esos elementos puestos bajo sospecha, y que por haber sido mal usado, enseguida lo anatemizamos. El problema es cuando el símbolo se idolatriza, convirtiéndose en un objeto de adoración en sí mismo y mezclándose con la imaginería y el paganismo. Entonces el símbolo se convierte en un velo, más que en una luz para la verdad que representa, aunque debemos reiterar que el mal uso de algo no anula su valor intrínseco. A quienes ven el símbolo como algo negativo se les debe recordar que uno de los elementos centrales del culto lo constituyen los símbolos del pan y del vino, que nos sirven como memorial, representación y anticipo de verdades y principios esenciales de la fe.

---

[69] El refranero popular dice: «Una imagen [símbolo] vale más que mil palabras»
[70] Babbage, Barton, Turnbull, Rodolfo, *Diccionario de la Teología Práctica,Culto*, op. cit, p. 77.
[71] De Coppens, Peter Roche, citado por Webber, Robert, *Ancient-Future Faith: Rethinking Evangelicalism for a Postmodern World*, op. cit. (traducido del inglés en su sección I, capítulos 1 al 3, y sección IV, capítulos 11 al 13, por David Gallaugher) p. 31.

• El culto cristiano:
su definición, propósito y elementos principales •

En realidad hemos de considerar los símbolos como parte de la vida cotidiana, por ejemplo, cuando dos hombres se dan la mano, están simbolizando su compañerismo y amistad, o cuando los novios en la ceremonia de boda se intercambian los anillos, están simbolizando lo eterno de su amor. En la esfera civil, la bandera simboliza la patria, el cetro simboliza autoridad, la balanza justicia,... etc. Es decir, en la vida diaria el símbolo es un vehículo que nos ayuda a comunicarnos e identificarnos. Por tanto en el contexto bíblico, todo lo que ayude a comunicar la verdad revelada, ha de tener su justo lugar, y mientras el símbolo se utilice para realzar la verdad que representa debe ser bienvenido.

Todo el sistema cúltico del Antiguo Testamento y su legislación, está cargado de una tipología y simbología muy rica. El Tabernáculo en sí es tipo de Cristo, dentro del mismo, en el Lugar Santo, el candelabro simboliza la luz, la verdad de Cristo, la mesa con los 12 panes simboliza la comunión del pueblo de Dios, y el altar de incienso simboliza las oraciones de los santos (más adelante profundizaremos sobre el simbolismo del Tabernáculo).

En el Nuevo Testamento los símbolos cristianos nacen dentro del contexto de la clandestinidad como una manera de ocultarse frente al imperio romano y de reconocerse entre ellos. Tanto en el Antiguo como en el Nuevo Testamento, la simbología es netamente cristológica y escatológica. Es cristológica, pues como acabamos de ver, todo el sistema sacrificial del Tabernáculo y el propio Tabernáculo es símbolo y tipo de Cristo. En el Nuevo Testamento la mayoría de las representaciones simbólicas también hacen referencia a Cristo. Es escatológica, porque tanto el Antiguo como el Nuevo Testamento apuntan hacia Cristo; el Antiguo apuntó a su primera venida y a su obra redentora, y el Nuevo apunta a su segunda venida y al establecimiento final del Reino.

Grabados de contenido bíblico como distintas representaciones del pan y el vino, el Alfa y la Omega, la cruz, la Estrella de David, la Menorah... etc., tienen su apropiado y justo lugar en nuestros templos, siempre que sirvan como símbolos que nos recuerden la verdad que representan, pues como

•El culto cristiano•

venimos diciendo, todo símbolo cristiano ha de ser visto como un canal o cauce que nos haga conscientes de la presencia de Dios. En cuanto a las imágenes, tallas o estatuas, están explícitamente prohibidas por la Biblia[72] y el protestantismo histórico siempre ha adoptado una postura iconoclasta en cuanto a ellas.

---

72 Éxodo 20:4; Deuteronomio 4:23; Salmos 97:7; Isaías 40:20; Oseas 13:2; Romanos 1:23; Apocalipsis 9:20.

VIII. LA MUSICA EN EL CULTO

a. La música: sus inicios

La música acompaña al hombre prácticamente desde su creación. En el contexto bíblico y más concretamente en el cúltico, ésta se expresa a través de la adoración y la alabanza. Es un hecho reconocido que la humanidad ha sido creada con la necesidad de alabar y adorar. De la adoración ya hemos hablado, pero ¿Qué es alabar?

En lenguaje sencillo podríamos decir que alabar es ensalzar y apreciar con entusiasmo los valores de algo. Los hombres que no conocen a Dios desvían su necesidad de alabar hacia otras personas o cosas.[73] Por ejemplo, un técnico, cuando contempla con ojo experto la moderna ingeniería mecánica de un buen automóvil, cuando destaca sus innovaciones y la estética de su carrocería, está alabando al coche. En los estadios de fútbol, en los conciertos de música, en los mítines políticos, se alaba a personas, ideales o cosas, por tanto la alabanza[74] es un hecho innegable en el ser humano.

Podemos afirmar, que la música ha existido desde los inicios de la humanidad y acompaña a todas las culturas formando parte de rituales religiosos o como medio de expresión artística. La música existe incluso antes de la creación del universo. En el libro de Job (cap. 38) Dios le habla de cuando Él puso los fundamentos de la tierra y como en aquel solemne acto se alzaron cantos de alabanza por parte de las estrellas del alba y los hijos[75] de Dios. Si leemos

---

[73] Romanos 1:23.
[74] La diferencia entre alabanza y adoración se entiende bien bajo la ilustración de un padre que llega a casa y en el primer momento es recibido con regocijo y entusiasmo por su hijo quien corre lleno de alegría a recibirlo, (esto corresponde a la alabanza), después del gozo y la efusión inicial el hijo se refugia cariñoso en los tiernos brazos de su padre (esto corresponde a la adoración).
[75] Las estrellas del alba y los hijos de Dios parece ser una forma metafórica para referirse a los ángeles en el versículo 7.

•El culto cristiano•

Ezequiel 28,[76] capítulo que para la mayoría de los exégetas aparte de hablar en su contexto inicial del rey de Tiro, habla de la caída de Satanás, vemos como en el versículo 13 menciona que cuando éste era un ángel protector, un querubín, en el día de su creación estuvieron preparados para él lo mejor de las «flautas y los tamboriles».

> «Una de las teorías avanzadas acerca del origen de la música es que esta fue usada para acompañar las expresiones religiosas primitivas. La música viene a ser la sirvienta de la religión..., todas las religiones emplean música de algún tipo para expresar emociones y para unificar la participación del grupo.»[77]

b. La música: su evolución en el contexto bíblico

Hay en la Biblia más de 575 párrafos o versículos que nos hablan de la música, muchos de ellos, casi la mayoría, referidos a la música en el servicio religioso, ya sea en el Tabernáculo, en el Templo, en las sinagogas, y también, aunque en menor medida, en la iglesia primitiva.

Dentro del relato de la creación en Génesis y de los primeros tiempos de la vida humana, vemos cómo la música ocupa un lugar importante. En el

---

[76] Hay quien argumenta que como no se menciona a Satanás explícitamente, sino al rey de Tiro, no podemos presumir que esté hablando de él. Sin embargo la comparación es clara. Primero y siempre en el capítulo 28 verso 1, vemos que está hablando al príncipe de Tiro, un personaje y una ciudad reales e históricos, un príncipe al que sus muchas riquezas y prosperidad llevaron al orgullo y ambición de creerse un Dios (v.6). Después y a partir del versículo 11, Ezequiel dirige la palabra de Dios al rey de Tiro, y aquí empieza la comparación. Comenzó hablando de un príncipe, un personaje terrenal que pecó a la manera de Satanás, con la ambición y el orgullo de querer ser como Dios. Ahora sobre esa base, habla de alguien mucho mayor en maldad y que fue el primero que pecó de la misma manera, por eso entendemos que le llama símbólicamente «el rey de Tiro», superando en esa maldad al príncipe de Tiro. A partir por tanto del verso 11 y hasta el 19 el texto habla claramente de Satanás. Pero es sin duda el versículo 13 el que arroja la prueba escritural más convincente, pues dice que el rey de Tiro estuvo en el huerto del Edén ¿quiénes estuvieron en Edén? Sólo cuatro seres, Dios mismo, Adán, Eva, y el propio Satanás encarnado en una serpiente. Por exclusión deducimos que lógicamente no puede referirse ni a Dios, ni a Adán ni a Eva, y sólo puede estar hablando de Satanás.

[77] Nelson, Eduardo, *Que mi Pueblo Adore*, op .cit., p. 65.

•El culto cristiano:
su definición, propósito y elementos principales•

capítulo 4, los descendientes de Caín fundan la primera ciudad de la historia bíblica, comenzando de esta manera la especialización de las actividades humanas. Esta civilización puso los pilares fundacionales de toda civilización posterior. El versículo 20 nos dice que Jabal fue el padre de los que habitan en tiendas y crían ganados; después el versículo 21 nos habla de Jubal, el cual fue padre de todos los que tocan arpa y flauta. En estos dos textos encontramos los orígenes de la ganadería y el comercio así como de la música y las bellas artes en general, que como observamos constituyen uno de los pilares básicos de toda civilización. Vemos en esto cómo el hombre necesita satisfacer, aparte de lo material, un sentido estético y armónico inherente a su personalidad.

En el Antiguo Testamento la música impregnaba la vida del pueblo de Israel, había música y canciones para cada situación y estado personal. Se cantaba durante la recogida de la cosecha (Esd. 9:2; Jer. 31:4, 5), se cantaba por la llegada de la primavera (Cnt. 2:12), se cantaba durante las bodas (2 S. 19:35; Sal. 45:9), y se cantaba y hacía música en las cortes y en los palacios, donde habían cantores y coros profesionales (2 S. 19:35; Ec. 2:8). Pero sobre todo, y aparte de la vida cotidiana, la vida religiosa del pueblo de Israel estaba frecuentemente acompañada por cantos y músicas de diversos instrumentos. Números 10:10 nos da una idea de cómo la música era usada en los servicios religiosos del Templo, formando parte del culto por orden divina: *"Y en el día de vuestra alegría y en vuestras solemnidades, y en los principios de vuestros meses, tocaréis las trompetas sobre vuestros holocaustos, y sobre los sacrificios de paz, y os serán por memoria delante de Dios...».*

El personaje bíblico que se ha ganado la corona de «músico» es sin duda el rey David.[78] Siendo pastor, la Palabra nos dice que ya tocaba el arpa. Después en la corte del rey Saúl tocaba para aliviar los dolores de éste, y finalmente cuando ya era rey, inventó instrumentos musicales para alabar a Dios (Am. 6:5; 1 Cr. 16:42). Además David estableció cantores, maestros de

---

78 Al que algunos llaman «el dulce cantautor de Israel».

•El culto cristiano•

música, coros y directores de alabanza en número tal que superaban las cuatro mil personas (1 Cr. 5:13; 23:5). Todo esto refuerza la idea de que la música era una parte indispensable dentro de las actividades cúlticas del pueblo de Israel.

Dentro de los libros del AT no podemos dejar de mencionar el libro de los Salmos. Su propio nombre en hebreo *tehilim* significa «alabanzas» y su traducción a la LXX[79] queda bajo el griego *psalmoi* que significa canciones y deriva, según Purkiser: «*De una raíz que denota toque o rasguido, como el que se da a un instrumento de cuerdas.*»[80] Por tanto estamos en condiciones de afirmar que todo el salterio se cantaba. Los enigmáticos *selah* que aparecen al final de muchos versículos de los Salmos, significan «pausa o tiempo de reflexión» y estaban marcados por toques de trompeta. Finalmente el Salmo 150 que cierra el salterio es una exhortación a alabar a Dios con cualquier instrumento de música. Podemos afirmar que los ideales y el profundo sentido de la adoración pública judía se contagia en la experiencia cristiana. Por tanto, parte de la herencia que los judíos convertidos aportaron al cristianismo no tiene que ver con el ritualismo de los fariseos, saduceos y escribas, sino con un profundo sentido de adoración, expresado en forma poética y musical.

Ya en el Nuevo Testamento, el evangelio de Lucas en el capítulo 1, contiene dos famosos himnos de alabanza, primero el canto de María (vv. 46-55), conocido como el *Magnificat*, y después el *Benedictus* cantado por Zacarías (67-79). En el capítulo 2 tenemos el *Gloria in Excelsis Deo* (vv. 13, 14), el canto de los ángeles que sigue al nacimiento de Jesús; y en los versos 29 al 32 el *Nunc Dimittis*, el canto de Simeón cuando Jesús es llevado al Templo para que reciba la bendición según la costumbre judía. Estos can-

---

[79] Es la primer traducción griega de la Biblia hebrea. Se realizó en Alejandría sobre el año 254 a.C. y en su elaboración participaron unos setenta eruditos, de ahí su nombre «Septuaginta» LXX.
[80] W. T. Purkiser, *Comentario Bíblico Beacon*, Casa Nazarena de Publicaciones, USA 1984, p. 117.

•El culto cristiano:
su definición, propósito y elementos principales•

tos, desarrollados como himnos de alabanza por el nacimiento del Mesías, y que Lucas anota en su evangelio, parecen haber sido usados en los cultos cristianos de forma habitual. En su estructura se parecen mucho a los Salmos, por lo que podríamos denominarlos como los Salmos de la Natividad. Todos ellos son expresiones de gozo y gratitud por el cumplimiento de la profecía mesiánica.

Otros textos neotestamentarios donde explícitamente se habla de música y cantos son: Mateo 9:23; Colosenses 3:16; Santiago 5:13 y Efesios 5:19, siendo este último el más representativo, pues alude a los distintos estilos recogidos de la cultura tanto judía como griega, «*Hablando entre vosotros con salmos, himnos y cánticos espirituales...*» Egon Wellesz explica cada tipo de canto de la siguiente manera:

> «**Salmodia.** La entonación recitativa de los salmos judíos y de los cánticos y doxologías basados en ellos. **Himnos.** Cantos de alabanza de tipo silábico, es decir, cada sílaba se canta con una o dos notas de la melodía. **Cánticos espirituales.** Aleluyas y otras canciones de júbilo o de carácter extático ricamente ornamentadas.»[81]

c. La música: su actualidad

Como ya hemos visto el cristianismo es y será siempre una religión que canta. A través de su participación en el canto de himnos o alabanzas, el pueblo de Dios, a lo largo de los tiempos, ha dado expresión a sus más hondos sentimientos y emociones. Muchos de los grandes avivamientos de la historia han tenido en los himnos excelentes elementos de cohesión y ánimo, de manera que la música ocupa por derecho propio un lugar privilegiado en la vida de la iglesia y en el culto en particular. Según K. Osbek podemos encontrar cuatro objetivos de la música en la vida cúltica:

---

81 Citado por Nelson G. Eduardo, *Que mi Pueblo Adore*, op. cit., pp. 100, 101.

•El culto cristiano•

«1. Es un medio de unir a un grupo de personas en la adoración, la oración y la alabanza 2. Enseña verdades espirituales y las graba en las mentes. 3. Da a todos la posibilidad de expresar sus actitudes interiores y sus experiencias, mucho mejor que si lo hicieran con sus propias palabras. 4. Predispone a la escucha del mensaje.»[82]

En nuestros cultos contemporáneos hay para todos los gustos. Por un lado están los cultos de las iglesias carismáticas. En algunas de ellas las guitarras eléctricas, sintetizadores y baterías presiden los altares desplazando o relegando el púlpito y la mesa de la comunión. Por otro lado, continúan los cultos de las iglesias más conservadoras, inmunes al paso del tiempo y anclados en el pasado, donde el viejo órgano se considera más digno que los modernos sintetizadores y todo intento de cambio es visto como una traición y un motín que hay que sofocar. Sin embargo muchas iglesias combinan de una manera equilibrada en sus cultos la tradición con la renovación, y así en su liturgia tiene cabida los gloriosos himnos de siempre junto con un tiempo fresco de adoración y alabanza.

De cualquier manera, ya sean himnos o cantos de alabanza, debería ponerse especial interés en el texto que se canta, pues muchas veces o son teológicamente incorrectos o no contienen mas que fórmulas repetitivas carentes de profundidad. Como ya vimos, el salterio finaliza con el Salmo 150 animando a alabar a Dios con cualquier instrumento musical. Por todo ello deberíamos esforzarnos para que todo fundamentalismo musical que pretenda monopolizar un solo estilo a expensas de los demás, desaparezca de nuestras iglesias y cultos.

d. La música: su futuro

La música del futuro, es la narrada en Apocalipsis que hace referencia a la adoración celestial, pues una de las principales tareas de los redimidos en el

---

82 Citado por Küen, Alfred, *La Música en la Biblia y en la Iglesia*, CLIE, Barcelona 1992., p. 73.

•El culto cristiano:
su definición, propósito y elementos principales•

cielo para la eternidad, será justamente alabar y adorar a Dios. En el libro de Apocalipsis los 24 ancianos adoran y cantan a Dios acompañados de arpas (5:9, 10); la multitud, vestida de ropas blancas, glorifica a Dios en actitud de adoración (7:10), y los ángeles adoran postrándose ante Dios (7:11). Tanto desde antes de la fundación del mundo, como después de que éste pase, la música expresada en adoración y alabanza continúa como un valor eterno, siendo por tanto algo inherente al ser humano como un medio de expresar y canalizar sus emociones.

IX. LOS ELEMENTOS O COMPONENTES DEL CULTO

a. En la Biblia

Los distintos elementos que conforman un orden de culto son muy variados. Ateniéndonos al testimonio bíblico sólo del Nuevo Testamento nos sorprende la cantidad de ellos que podemos ver en las Escrituras:

- Oraciones litúrgicas y espontáneas (Hch. 2:42; Ro. 11:33-36; 1 Co. 14:14).

- Himnos y cánticos (1 Co. 14:2; Col. 3:16; Ef. 5:19).

- El ósculo santo (Ro. 16:16; 1 Ts. 5:26).

- Lecturas del AT y apostólicas (Col. 4:16; 1 Ts. 5:27; 1 Ti. 4:13)..

- Predicaciones (Hch. 2:42; 20:7; 1 Co. 14:26).

- Amenes de la congregación (1 Co. 14:16).[83]

- Lenguas e interpretación (1 Co. 14:23).

- Profecías (1 Co. 14:16).

- Sanidades (1 Co. 12:9; 28, 30).

- La Santa Cena (Hch. 2:42; 1 Co. 10:16, 11:20).

- Confesiones de fe (1 Ti. 6:12; 1 Co. 15:1-4).

- Ofrendas (1 Co. 16:1-2; Ro. 15:26).

- Doxologías (2 Ts. 3:16; Jud. 24).

---

83 Prácticamente todas las fórmulas doxológicas del Nuevo Testamento finalizan con un amén.

•El culto cristiano•

b. En la actualidad

Todo culto está en cierta manera sostenido y llevado por la Palabra, ya que ésta se presenta o está contenida dentro del culto, en diversas maneras: lecturas bíblicas, proclamación profética (predicación) y proclamación comunitaria (oraciones, confesiones de fe, lecturas antifonales, himnos y coritos). Sin embargo, separando de manera general cada elemento, mencionamos los que a nuestro juicio pueden incluirse hoy dentro de un culto, aunque no todos se den en una misma celebración. Dichos elementos son:

- Invocaciones u oraciones de apertura.

- La Palabra de Dios y su proclamación e interpretación.

- Confesión de pecados y anuncio del perdón.

- Oración e intercesión.

- Testimonios personales de edificación.

- Cantos de alabanza, adoración e himnos.

- Interludios o postludios musicales.

- Credos o confesiones de fe.

- Comunión (Cena del Señor).

- Ofrenda y anuncios públicos.

- Lenguas con interpretación.

- Profecías avaladas por la Palabra.

- Ministración a las necesidades.[84]

---

84 Nos referimos a los llamados al altar para orar por sanidad, consagración, o interceder por necesidades concretas de los fieles.

• El culto cristiano:
su definición, propósito y elementos principales •

- Salutaciones.

- Bendición final o doxologías.

b. El silencio cúltico

Finalmente hay un elemento al que queremos dar un énfasis especial por lo poco que se practica, se trata del *silencio cúltico o silencio litúrgico*.[85] Los que hemos sido educados en la Iglesia Católica recordamos los templos como lugares de silencio y recogimiento, al traspasar sus umbrales nos sentíamos un poco como en otro mundo. Evidentemente no se trata de sacralizar los templos ni de recoger el malsano sentido de temor y cierto miedo que muchos hemos sentido, pero desde luego tenemos que recuperar y observar en nuestros cultos un cierto respeto al templo como el lugar apartado para Dios y practicar determinados silencios cúlticos, sobre todo antes de comenzar y a manera de preludio silencioso, para así prepararnos y disponer nuestro corazón para la inminente celebración.

> "Ya no existe el sentido de misterio que apela a la adoración, a la veneración, que nos hace prosternar ante la majestad de Dios. Nuestros cultos se han secularizado por demasiada familiaridad..., por centrarse en la experiencia y la realización personal. Hemos perdido la noción de la trascendencia de Dios, de su santidad, de su carácter.»[86]

Quizás en un exceso de celo por alejarnos de la concepción trascendente de Dios, hemos enfatizado mucho más su inmanencia y familiaridad en detrimento de cierto respeto santo y reverencial del que venimos hablando, pues no debemos confundir confianza con vulgaridad. El silencio cúltico o litúrgico diremos que es un poco como la antesala que separa lo profano de lo santo, es un espacio que ha de preparar a la comunidad para el culto que está a punto de comenzar. Al respecto J. J. Von Allmen dice:

---

85 La Biblia hace referencia a estos silencios en Hab. 2:20; Sal. 37:7; Ap. 8:1
86 Webber, R. *Worship is a verb*, Word Books, Texas, 1985 p. 13.

•El culto cristiano•

«El silencio es uno de los misterios de la fe cristiana. Es el recogimiento en la paz de Dios, el silencio ante Dios que viene... Se trata de una actitud de receptividad, de apaciguamiento y de culminación, que hace pensar en que quizás, la palabra y el canto sean una descomposición del silencio como los colores lo son de la luz.»[87]

Finalmente, y para cerrar este apartado, debemos decir que si bien no todos los elementos mencionados se encuentran en todos los cultos, hay varios que debemos considerar como imprescindibles, a saber: la lectura y predicación de la Palabra, las oraciones, la comunión (expresada en alabanza, canto de himnos comunitarios o mediante colecta solidaria) y la celebración de la Santa Cena (si no semanalmente, sí regularmente). Es decir, los elementos que encontramos en los primeros cultos de la iglesia primitiva (Hch. 2:42).

---

[87] Von Allmen, J. J. *El Culto Cristiano*, op. cit. , p. 93.

Capítulo 2

EVOLUCIÓN HISTÓRICA DEL CULTO CRISTIANO

I. LA EVOLUCIÓN DEL CULTO DESDE GÉNESIS HASTA HECHOS

Vamos ahora a analizar brevemente, el proceso cúltico a lo largo de la historia bíblica. Para ello dividiremos en seis periodos generales la evolución y el desarrollo del culto a Dios por parte del hombre, partiendo desde el Génesis, con los primeros indicios de adoración a Dios, hasta el nacimiento de la iglesia en Hechos 2.

a. Época postcreacionista y patriarcal. Ofrendas y altares

Como ya hemos apuntado, desde la fundación del mundo el hombre ha sentido la necesidad de adorar a Dios. Bajo el contexto de la creación en Génesis, el primer indicio de adoración y culto lo encontramos en la respuesta de agradecimiento de Caín y Abel hacia Dios, que se tradujo en una ofrenda (Gn. 4:1-5). En este texto, y a manera de aplicación devocional, podemos comprobar las dos clases de adoración que ambos tributaron a Dios. Caín, ofrenda más por imposición que por devoción, su ofrenda podía ser acertada, pero su actitud era legalista, no demostraba agradecimiento, sólo estricto cumplimiento de la ley. Sin embargo Abel, representa el correcto sentido de adoración y culto a Dios, es el corazón agradecido que adora al Creador y le ofrenda de lo mejor que tiene.

En la época de los patriarcas, los antecesores hebreos del pueblo judío desde Abraham hasta Jacob, la adoración y el culto se realizaban sobre la base del sacrificio como ofrenda a Dios. Aparecen los altares, que como su nombre indica, se ponían en lugares altos, sobre los montes (Gn. 12:8; 22:2). Por tanto, la adoración y el culto se van completando y evolucionan desde las primeras ofrendas de Caín y Abel, hasta los altares de sacrificio. Las bases cúlticas del Antiguo Testamento ya se van estableciendo: ofrendas / sacrificios.

•El culto cristiano•

b. Época mosaica y monárquica: Tabernáculo y Templo

En la época de Moisés y en los comienzos del peregrinaje del pueblo de Israel por el desierto, la presencia de Dios se va acercando y se manifiesta en forma de nube o fuego que guía, hasta que Dios decide habitar en medio de su pueblo. Desde ahí (y posteriormente con Josué y hasta la entrada en la tierra prometida), el culto de sacrificio y ofrenda se realiza ya bajo un ritual dictado por Dios a Moisés en el Tabernáculo, siendo oficiado por la casta sacerdotal de los levitas. En esta etapa de la evolución cúltica, es cuando se legisla la base de las ofrendas y los sacrificios.

En la época monárquica (considerada como el esplendor de la nación de Israel desde los reinados de Saúl, David y Salomón, hasta la división del reino en el año 931 a.C.), la adoración a Dios se va completando y el Tabernáculo se fija ya definitivamente en Jerusalén, bajo un templo estable y permanente, edificado en el monte Moria, el mismo sobre el que Abraham debía ofrecer en sacrificio a su hijo Isaac. En realidad el Templo de Jerusalén, constituye la culminación de la vida religiosa en la nación de Israel.

c. Época postexílica y cristiana: Sinagoga e Iglesia

Entendemos por época postexílica la que se extiende desde el regreso de los que fueron deportados a Babilonia y participaron en la reconstrucción del Templo bajo Zorobabel y posteriormente en la reconstrucción del muro de Jerusalén bajo Esdras y Nehemías, hasta el periodo intertestamentario bajo el Imperio Griego. Debido a que los judíos no podían beneficiarse del culto en el Templo durante el exilio babilónico, surgieron las sinagogas o asambleas, que acercaron la Palabra al pueblo, ayudaron a que este no olvidase su conciencia nacional de pueblo elegido y permitieron un contacto más directo e íntimo entre ellos y Dios. Al respecto el historiador judío Elbogen dice:

> «La sinagoga inauguró una nueva forma de adoración. Fue la primera vez en la historia de la humanidad que asambleas cúlticas regulares se reunieron en lugares que no poseían ninguna otra consagración que la que

•Evolución histórica del culto cristiano•

le confería la propia comunidad por sí misma. Era un culto que renunciaba a todo lo material, como el sacrificio, así como a toda mediación sacerdotal, un culto que situaba al hombre y su vida emotiva en el centro de la adoración.»[88]

Con las sinagogas el culto se hizo menos ceremonioso y más asequible al pueblo, que podía participar incluso en lecturas y exposiciones de la Palabra, antes reservadas a los sacerdotes. En realidad, la sinagoga hizo de puente entre el Templo y la iglesia cristiana.

Durante todo el periodo intertestamentario[89] y con la posterior llegada del Imperio Romano en el año 63 a.C., los cultos se celebrarían indistintamente en el Templo de Jerusalén y en las sinagogas locales, que durante este periodo adquirieron su mayor protagonismo. La transición hacia la iglesia cristiana continuaba su proceso, y ya en dicha época, cuando la iglesia primitiva comenzaba su andadura, los cultos oficiales del Templo y las sinagogas continuaron celebrándose, pero fueron sustituidos paulatinamente por los cultos familiares en los hogares, hasta que definitivamente la iglesia, rebasando al judaísmo, se asentó como la institución culminante del cristianismo.

De esta manera, la iglesia reúne todos los aspectos ya mencionados sobre la evolución del culto y los completa en Cristo, el cual es el perfecto Cordero que ofrece un sólo sacrificio para el perdón de nuestros pecados (He. 9:26), el que derribó el muro de separación entre judíos y gentiles haciéndose accesible a todos los hombres (Ef. 2:13-19) y quien nos hace sumos sacerdotes con pleno derecho a entrar en el Lugar Santísimo (1 P. 2:9; Ap. 1:6). Por tanto el culto a Dios alcanza su clímax, que no su meta, con la iglesia como cuerpo de Cristo y éste como su cabeza.

Sin embargo, aunque es correcto decir que la iglesia como tal nace en Hechos, todo el proceso evolutivo del culto se completa en gran medida a

---

[88] Citado por Küen, Alfred, *El Culto en la Biblia y en la Historia*, Op. Cit. p. 135.
[89] Es, como su nombre indica, el periodo que cubre los 400 años de silencio bíblico entre el Antiguo Testamento y el Nuevo.

•El culto cristiano•

partir de Pentecostés, recibiendo la herencia judaica del Templo y de la sinagoga y resultando el culto cristiano de una fusión de ambas herencias en base a la nueva experiencia cristiana. Pero del culto primitivo hablaremos más tarde.

II. EL CULTO EN LOS TRES GRANDES CENTROS DE ADORACIÓN PRE-CRISTIANA

a. En el Tabernáculo

No podemos dejar de profundizar en lo que a lo largo de prácticamente todo el AT se constituyó en la Meca de la adoración para los judíos, es decir, el Tabernáculo. En lo que tiene que ver con el servicio del mismo y en su representación simbólica (que es donde nos vamos a detener) podemos apreciar el espíritu del oferente y las partes esenciales del culto. El Tabernáculo representa la propia presencia de Dios entre su pueblo y ha sido el corazón y centro neurálgico de las actividades cúlticas del Templo hasta la llegada del Mesías, quien ya «tabernaculizó»[90] entre nosotros como dice Juan 1:14.

Lo primero que nos encontraríamos si franqueáramos la puerta de entrada al Tabernáculo, es el altar del holocausto que nos recuerda que Cristo ha expiado nuestros pecados en la cruz y gracias a ese sacrificio podemos entrar en la presencia de Dios. Después del altar nos encontramos la fuente de bronce donde los sacerdotes debían lavarse manos y pies antes de ministrar en el Lugar Santo. Esto simboliza para nosotros que debemos «lavarnos» confesando todo pecado, para estar con una conciencia limpia y una buena disposición a la hora de asistir al culto.

Posteriormente, y una vez dentro del Lugar Santo, nos encontramos con el candelabro de oro, símbolo de la Palabra de Dios como luz de nuestras vidas. Después la mesa con los panes de la proposición, un pan por cada tribu, símbolo de la mesa del Señor y de la comunión de todo el pueblo de Dios. Al final de la estancia se encontraba el altar del incienso que debía

---

[90] En el texto mencionado y en el original griego la palabra para «habitó» se traduce como «tabernaculizó» en el sentido de que puso su tienda en medio nuestro.

• El culto cristiano •

estar continuamente encendido simbolizando la vida de oración y las plegarias de los santos.

Una vez en el Lugar Santísimo sabemos que dentro del arca del pacto se hallaba una muestra del maná, las tablas de la Ley y la vara de Aarón reverdecida, que simbolizaban la adoración en la misma presencia de Dios para adorar a Aquel que provee para todas nuestras necesidades (maná), a Aquel que nos deja su Palabra (tablas de la Ley) y a Aquel que ha resucitado de los muertos (vara de Aarón reverdecida).

Del Tabernáculo, la iglesia primitiva toma la simbología de las verdades esenciales de la fe; el candelabro como la luz de la Palabra de Dios, los panes de la proposición como la unidad del pueblo de Dios representada en la Santa Cena, el altar del incienso como las oraciones de los santos y particularmente la importancia del sacrificio expiatorio de Cristo por nuestros pecados. Por tanto el culto en el Tabernáculo era un auténtico ritual simbólico que apuntaba hacia el Mesías y cuya base era el sacrificio y la expiación.

b. En el Templo

El Templo tenía su razón de ser sobre las bases del sacrificio, la ofrenda, y la adoración. Dada la fastuosidad y dimensiones del mismo, los cultos sacrificiales tenían un carácter más solemne y oficial que los de las sinagogas. Los ministros encargados de oficiar y organizar la vida cúltica del Templo eran numerosos y repartidos entre sacerdotes, levitas,[91] cantores y porteros. Asimismo, los fieles que acudían tenían sus espacios propios según su condición: estaba el atrio de los judíos, el de los gentiles, el de las mujeres, el de los levitas y el de los sacerdotes.

---

[91] Por el testimonio bíblico sabemos que el número de levitas superaba los 38.000 hombres (1 Cr. 23:1-3).

• Evolución histórica del culto cristiano •

El Templo se constituía en sí mismo en el centro de la vida nacional judía y todas las festividades que se celebraban venían a recordar eventos principales de la historia del pueblo de Israel. Las fiestas principales eran: La Pascua, Pentecostés, Tabernáculos.[92]

Una de las grandes aportaciones del Templo fue en el área de la música y la poesía. El rey David aportó la mayoría de los Salmos que eran cantados por coros inmensos de hasta 4.000 personas, provistos de todo tipo de instrumentos musicales[93] (cítaras, liras, címbalos, arpas, tambores). Muchos de los Salmos poseen una estructura litúrgica que era desarrollada en muchos casos en forma de letanía, mientras los fieles entraban al Templo cantando y siendo respondidos por los porteros (Salmos 24 y 15).

Una vez que los fieles entraban, el culto transcurría en el siguiente orden: 1) **Sacrificio en el altar del holocausto.** Dos veces al día, mañana y noche, se ofrecía un cordero en holocausto. 2) **Lectura de la Ley y recitación del credo.** Se leían las porciones de Números 15:37-41, y Deuteronomio 6:4-9; 11:13-21, (esta última era la oración emblema del pueblo de Israel). 3) **La ofrenda del incienso.** Los sacerdotes quemaban incienso en el altar de los perfumes dentro del Lugar Santo, mientras el pueblo oraba acompañado de un instrumento musical parecido al órgano. 4) **Canto de salmos.** Eran entonados por los cantores profesionales acompañados de instrumentos musicales, bajo las aclamaciones litúrgicas de los fieles. 5) **La bendición sacerdotal.** Era pronunciada por el sumo sacerdote para concluir el servicio religioso.

---

[92] La celebración de la Pascua conmemoraba la preservación y liberación del pueblo hebreo como esclavo en Egipto. La fiesta de Pentecostés se celebraba cincuenta días después de la Pascua, y consistía en una ofrenda de acción de gracias y una comida común. La fiesta de los Tabernáculos duraba 7 días, durante los cuales los israelitas vivían en tiendas recordando su peregrinaje por el desierto.

[93] Ver 1 Crónicas 23:5, donde además se nos dice que muchos de los instrumentos musicales fueron inventados por el rey David.

•El culto cristiano•

c. En la Sinagoga

Básicamente, la importancia de la sinagoga y su singularidad, radica en la descentralización del Templo como lugar único de adoración y en la centralidad de la Palabra de Dios. El culto en la sinagoga constaba de oración, lecturas, exposición de las Escrituras y alabanzas. Su propósito principal era el de exponer las Escrituras e interpretarlas, éste era el acto central y alrededor de él, el culto se completaba con oraciones y cantos.

Uno de los aspectos ya mencionados, pero que queremos resaltar sobre la sinagoga, es que sirve de puente entre el sobrecargado culto del Templo y la sencillez de los cultos en la iglesia primitiva. Las lecturas, incluso las predicaciones, estaban a disposición de los fieles «laicos», no siendo imprescindible el ministerio profesional de los sacerdotes.

La liturgia en la sinagoga transcurría de la siguiente manera:

1) **Invocación o introito**. Se trataba de una oración introductoria invocando la presencia del Señor para el desarrollo del culto. 2) **Recitación de la oración de Israel**. Siendo el párrafo central Deuteronomio 6:4-9; 11:13-21. 3) **La oración de las bendiciones**. Incluía oraciones de bendición, de alabanza, de petición y de acción de gracias. 4) **La lectura de las Escrituras**. Se hacía de pie, en hebreo y leyendo el rollo de la Ley. Se leía una determinada porción cada sábado para que en un año se leyesen los cinco libros de la Ley. 5) **La exposición de las Escrituras**. Tenía que ver con alguno de los textos leídos y sólo se daba cuando había alguien capacitado para exponer la Palabra. 6) **Oración de bendición divina**. Se trataba de una oración reconociendo la grandeza de Dios y pidiendo su bendición sobre el pueblo de Israel. 7) **El canto de los Salmos**. Era un himno comunitario del que quedaban excluidas las mujeres. 8) **La bendición aarónica**. Tomada de Números 6:24-26, con ella finalizaba el culto al «amén» de los fieles.

Ofrecemos a continuación un plano de los tres centros de adoración descritos: Tabernáculo, Templo, y Sinagoga.

•EVOLUCIÓN HISTÓRICA DEL CULTO CRISTIANO•
PLANO DEL TABERNÁCULO

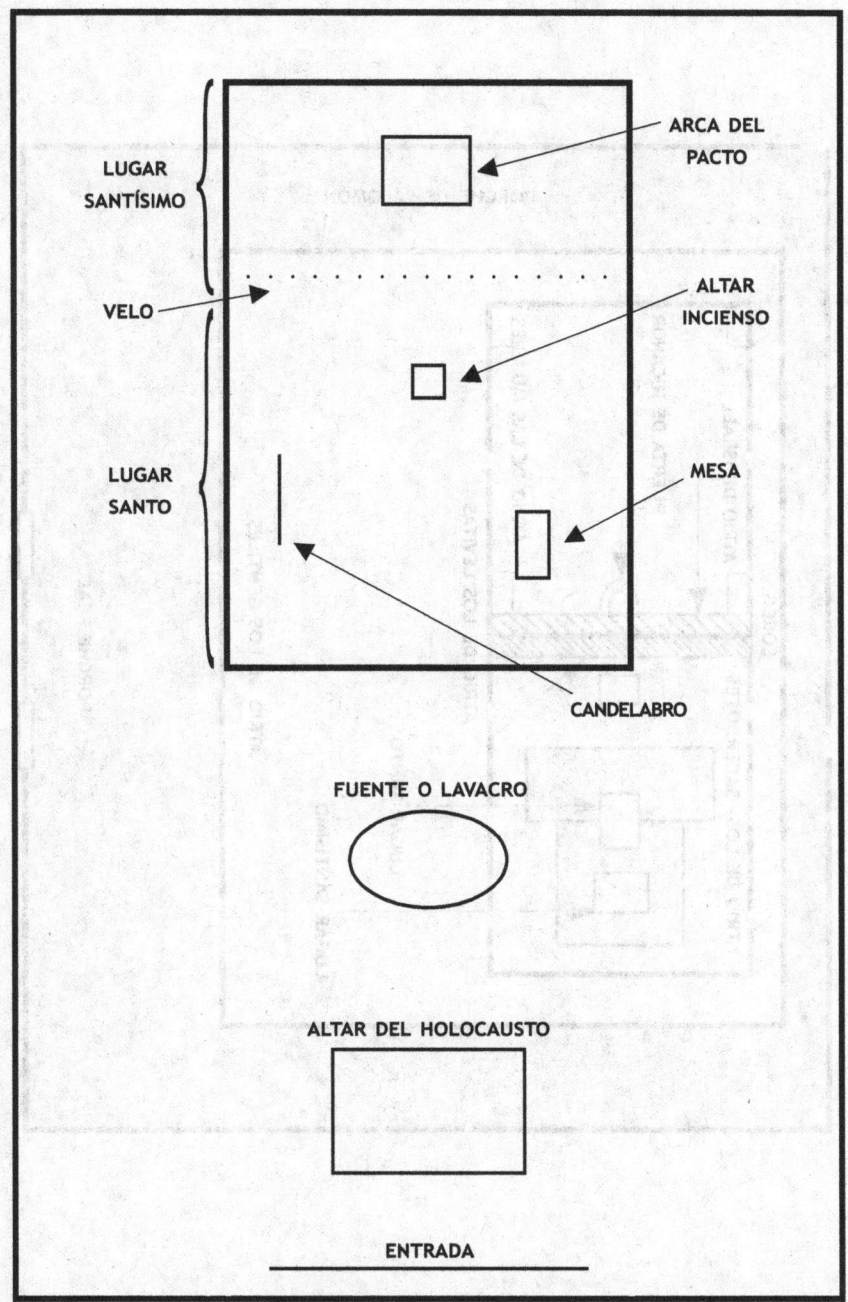

•El culto cristiano•
PLANO DEL TEMPLO

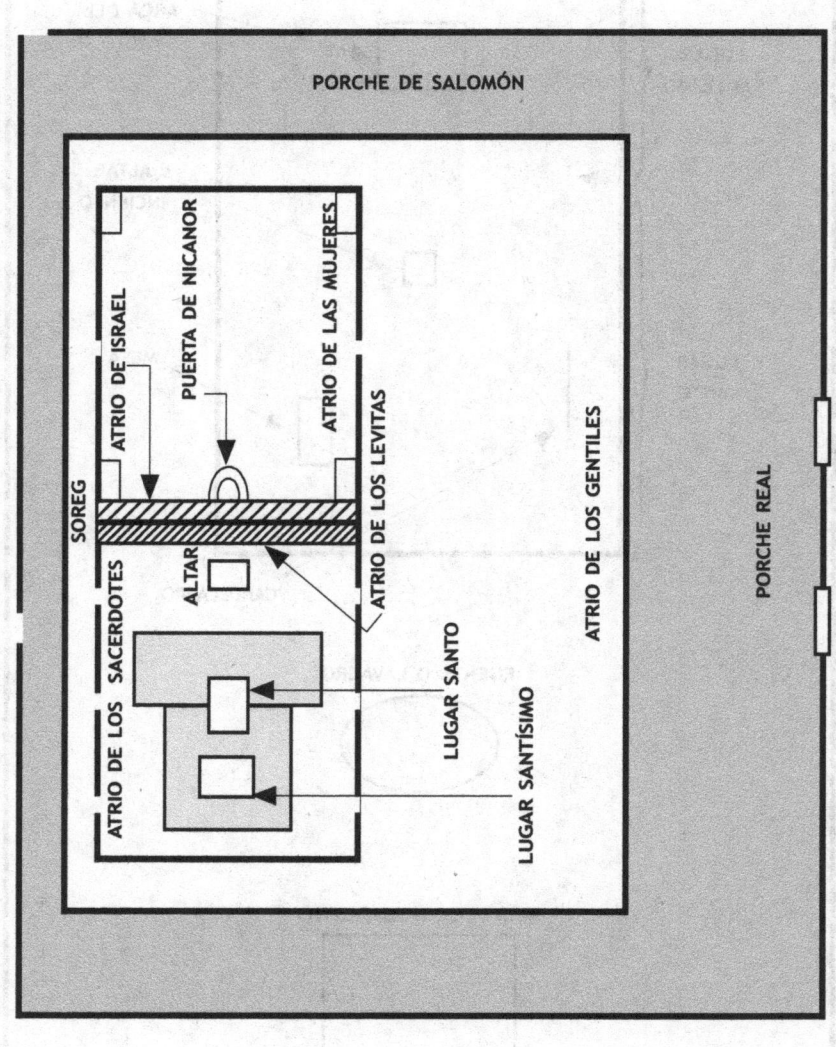

•Evolución histórica del culto cristiano•
PLANO DE LA SINAGOGA

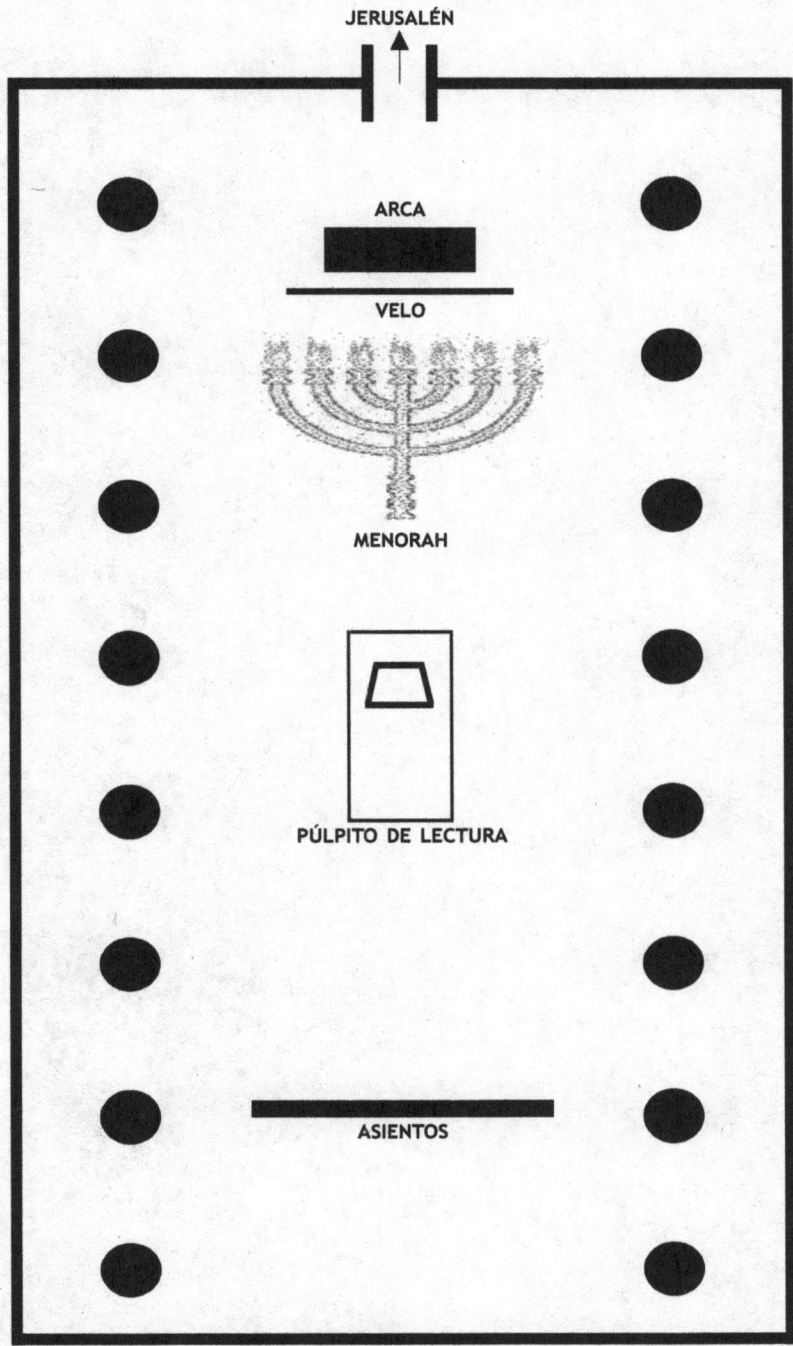

III. LA EVOLUCIÓN DEL CULTO DESDE HECHOS HASTA LA REFORMA

Uno de los errores de la Iglesia Católico Romana ha sido el de apoyarse en la historia y la tradición, dándoles igual o mayor autoridad que a la propia Palabra de Dios. Asimismo, uno de los errores de amplios sectores de la Iglesia Evangélica ha sido el de pretender borrar la historia y la tradición considerándolas más como lastres innecesarios que como valiosas contribuciones de las que aprender para mejorar o rectificar. Vamos a hacer ahora una breve recapitulación sobre la evolución histórica del culto, partiendo desde la iglesia primitiva.

a. El culto en la Iglesia Primitiva

Ya hemos mencionado que los primeros cristianos no cortaron radicalmente su relación con el judaísmo y con el culto en el Templo y en las sinagogas (Lc. 24:51-53; Hch. 3:1). Durante un tiempo combinaron las reuniones del Templo y las sinagogas, con los ágapes en los hogares. A medida que los nuevos cristianos no provenientes del judaísmo (para los cuales el contexto judío no significaba nada) se fueron convirtiendo al cristianismo, y a medida que la ortodoxia judía empezó a considerar el cristianismo como una amenaza (añadiendo los problemas con el Imperio Romano), el culto cristiano adquirió su identidad propia y la iglesia primitiva comenzó su andadura.

Sin embargo, el culto cristiano recibió del judaísmo una importante herencia. De la sinagoga destacamos la lectura y exposición de la Palabra (1 Co. 14:26; Hch. 20:7-12), junto con las oraciones y cantos en un ambiente de alabanza (Ef. 5:19; Col. 3:16), confesiones de fe o credos (1 Co. 15:1-4; 1 Ti. 6:12), y ofrendas o colectas (1 Co. 16:1; Ro. 15:26). También mencionar, como ya hemos dicho, que las sinagogas supusieron una descentralización y des-sacralización del Templo como lugar único de adoración.

En cuanto al culto del Templo, decir que apenas dejó huellas sobre el culto cristiano, lo cual tiene su razón de ser en que éste, estaba en Jerusalén, por lo que la mayoría de los judíos de la diáspora nunca participaron de

•El culto cristiano•

él, y aun los judíos de Palestina en tiempos de Jesús estaban más familiarizados con las sinagogas locales repartidas por toda la región y les era más fácil asistir a ellas, que a los cultos del Templo. Otro motivo de su escasa influencia sobre el culto cristiano, es que el Templo fue destruido en el año 70, es decir unos 40 años después de la muerte de nuestro Señor y del comienzo de la Iglesia Primitiva, por lo que el culto del Templo cesó prácticamente al mismo tiempo que nacía la iglesia.

A pesar de esto, sí que debemos decir que el Templo dejó como herencia para el culto cristiano, el crucial significado de todo el simbolismo del Tabernáculo, y particularmente del sacrificio expiatorio. Asimismo la conciencia nacional y religiosa del pueblo judío, acostumbrado a ofrecer sacrificios, ofrendar y diezmar en el Templo, aportó a la iglesia primitiva una sana mentalidad de compromiso hacia Dios, de respuesta agradecida a Aquel al que le debían todo cuanto eran y tenían.

Por otro lado y aparte de la herencia recibida del judaísmo, el culto cristiano al comienzo de la iglesia primitiva, se nutrió con la lectura de las cartas que los apóstoles enviaban a las incipientes comunidades locales, junto con los hechos sobre la vida de Jesús y la nueva revelación y dispensación en Él recibida. Pero sin duda lo que se constituyó como el rasgo distintivo y peculiar del culto cristiano, fue la celebración de la Cena del Señor. En realidad el culto primitivo fue una combinación de Palabra y Eucaristía.

> «*Los cristianos primitivos añadieron otro elemento derivado directamente de nuestro Señor, la perpetuación en oración y comunión sacramental de la experiencia del Aposento Alto [la Santa Cena]*[94] *Más de lo que podían hacerlo las palabras esta acción santa recordaba lo que nuestro Señor había hecho y subrayaba la conciencia suprema de su presencia viviente que les acompañaba..., de esta manera el culto cristiano, como cosa distintiva e indígena, nació de la fusión de la sinagoga y el Aposento Alto, en el crisol de la experiencia cristiana.*»[95]

---

94 El encorchetado es nuestro.
95 Maxwell, Willian D. *El Culto Cristiano*, op. cit. pp. 18, 19.

•Evolución histórica del culto cristiano•

Por tanto, y a lo largo de los siglos posteriores, no se concebía el culto cristiano del domingo sin la participación de la Cena del Señor. El Dr. Justo L. González dice al respecto: «*A partir de entonces y a través de casi toda la historia de la iglesia, la comunión ha sido el centro del culto cristiano. Es sólo en fecha relativamente reciente que algunas iglesias protestantes han establecido la práctica de reunirse para adorar los domingos sin celebrar la comunión*».[96]

b. De la era apostólica a Constantino

Ya sobre el año 55 o 60 de nuestra era los primeros cristianos, aun bajo el liderazgo apostólico, comenzaron a ser perseguidos. La carta a los Gálatas (6:11) nos recuerda cómo los judíos no sufrían persecución pero sí los cristianos, al negarse a tener al César como su primera divinidad. Continuarían reuniéndose por las casas y en esa época comenzaron a construirse (principalmente en Roma) las catacumbas, unas galerías subterráneas donde los cristianos celebraban sus cultos, a veces clandestinos, y donde enterraban a sus muertos.

Hasta el siglo II, el culto cristiano era poco más o menos como nos menciona Hechos 2:42. Los cristianos combinaban el culto en las sinagogas y el Templo (al menos hasta el año 70), con las comidas en los hogares denominadas «ágapes o fiestas de amor», que generalmente concluían con la celebración de la eucaristía, en un nuevo ambiente de gozo y esperanza por el hecho de la resurrección. También los primeros cristianos usaban las catacumbas, para celebrar allí determinados cultos de comunión. A medida que las congregaciones crecían, muchos de esos hogares pasaron a dedicarse exclusivamente para la celebración de los cultos, naciendo de esta manera los primeros templos cristianos.[97]

---

[96] González, Justo, *Historia del Cristianismo T. 1*, op. cit., p. 113.
[97] Uno de los primitivos templos cristianos más antiguo que se conserva, el de Dura-Europo, data del año 256 y parece haber sido en principio, una casa particular.

•El culto cristiano•

En el aspecto doctrinal, a partir de principios del siglo III las ordenanzas del bautismo y la Cena del Señor[98] comienzan un lento camino hacia la sacralización. El bautismo acabará otorgando la remisión de los pecados, y en la Santa Cena, el pan y el vino, con el paso de los siglos, se convertirán en el cuerpo y la sangre de Cristo, la transubstanciación.[99] A partir de entonces ya no se tratará de un recordatorio del sacrificio de Cristo, sino de una repetición del mismo, es decir lo que en siglos posteriores se convertiría en la misa romana. Pero volvamos a los primeros siglos.

Entrado el siglo IV el emperador Constantino,[100] ante una inminente batalla, tuvo una visión en la que se le mostraba un símbolo cristiano[101] y se le decía «con este signo vencerás». Cuenta la historia que aquel emperador se convirtió al cristianismo tras ganar la batalla, pasando a cristianizar el imperio.[102] Algunos historiadores afirman que sus motivos pueden haber sido más de ambición política que de devoción cristiana. De cualquier forma, de religión perseguida, el cristianismo pasó a convertirse en la religión oficial. Durante todo el tiempo en el que convertirse en cristiano implicaba riesgo de persecución, uno tenía la seguridad de que el que se llamaba cristiano era de verdad un hombre convertido a Cristo. Pero a partir del momento en el que era necesario ser cristiano para ser bien visto por el imperio, la situación cambió de forma radical. Comenzaron a construirse grandes templos, basílicas imponentes, grandes masas de cristianos nominales no convertidos pasa-

---

[98] Para referirnos a la eucaristía, usamos indistintamente los términos Cena del Señor, Santa Cena, o Mesa del Señor.
[99] Doctrina católica que afirma que en el momento de la consagración de los elementos del pan y el vino, estos se convierten realmente en el cuerpo y la sangre de Jesús. Aclarar que la doctrina de la transubstanciación, como tal, no aparece oficialmente formulada hasta el siglo XIII en el IV Concilio Lateranense.
[100] Emperador romano que ascendió a su cargo tras una serie de batallas rápidas y valerosas, gobernó desde el año 306 hasta el 337. Trasladó la capital del imperio a Bizancio, bautizándola como Constantinopla.
[101] Dicho símbolo conocido como «el labarum» consistía en la superposición de dos letras griegas, la X y la P, iniciales del nombre de Cristo en griego. Símbolo que después se conocería bajo el nombre de Crismón.
[102] Aunque se cree que su conversión no fue inmediata sino que poco a poco fue abrazando la fe cristiana y dejando sus costumbres paganas.

•Evolución histórica del culto cristiano•

ron a invadir los templos. La iglesia, en lugar de conquistar al mundo, comenzó a dejarse conquistar por él.

Los líderes religiosos, los pastores, pasaron en poco tiempo de ser perseguidos a ser grandes personajes del imperio: los sacerdotes. La jerarquía del clero era un calco de la jerarquía del imperio; los obispos se sentaban al lado de los más altos funcionarios, y para señalar aun más la diferencia con los laicos se adoptó una vestimenta especial en la que los colores mostraban el grado jerárquico. Los sacerdotes se afeitaban la coronilla y ya a partir del concilio de Elvira (305) se va imponiendo la idea del celibato sacerdotal.[103] El pueblo y el clero, poco a poco van siendo dos estamentos bien diferenciados.

La evolución del culto a lo largo de los cinco primeros siglos se produjo, parafraseando a Alfred Küen, de la siguiente manera:

«Formalismo: Las oraciones escritas sustituyen a las espontáneas, una liturgia fija e invariable domina todo el culto (misa).

Uniformidad: Todos los cultos deben seguir el mismo esquema, en el mismo orden y en el mismo idioma.

Tradicionalismo: La espontaneidad dejó lugar a un culto invariable a lo largo de los siglos. La misa era prácticamente igual en el siglo IV que en el siglo XX.

Sacramentalismo: El sacramento de la eucaristía, considerado como un sacrificio, toma cada vez más importancia en el culto en detrimento del ministerio de la Palabra y de la oración.

Clericalismo: Como el sacrificio sólo lo pueden hacer los sacerdotes, se crea una casta especial de hombres con poderes especiales: el clero.

---

103 Que en realidad no llegaría a ser práctica generalizada, hasta el siglo XI con las reformas de Gregorio VII.

•El culto cristiano•

Multitudinismo: La membresía en las iglesias está formada cada vez más por creyentes nominales que por creyentes auténticos, la multitud ni se conoce.

Pasividad: La participación de los fieles queda reducida a la simple asistencia y si acaso a algún amén o aleluya programado, el canto es reservado para un coro que formaba parte del clero. La gente acudía a misa como quien va a un teatro..., el culto de finales del siglo IV no se parecía en nada al de los primeros cristianos de Corinto, Efeso o Filipos. La formalización del culto iba a la par del descenso de la espiritualidad y del incremento del clericalismo y del multitudinismo.»[104]

Como ya hemos dicho, los elementos de la Mesa del Señor, comenzaban a ser considerados como la carne y la sangre de Cristo, por lo que ya se habla del carácter sacrificial de la Santa Cena. Pero al igual que ocurría en el AT, los únicos capacitados para ofrecer sacrificios eran los sacerdotes. Por tanto, de nuevo la casta sacerdotal continuó diferenciándose cada vez más del pueblo. El paganismo, influenciado por la magia y la superstición de la época, usaba fórmulas rituales para que se produjera la transformación o surtiera efecto el sortilegio pronunciado. Esta línea de pensamiento influyó profundamente en la teología de la época, comenzando a usarse formulas rituales con ese ambiente de magia y superstición.

Para poder mantener entretenida a toda aquella masa de gente no convertida, era necesario ofrecerles un programa que les atrajese y que incluyera elementos paganos a los que estaban acostumbrados. Se incluyó en el culto la veneración a los santos, las reliquias, las estatuas, cultos a la virgen, procesiones, peregrinaciones... etc. La iglesia continuó asumiendo un sistema jerárquico igual al del Imperio, y de la misma manera que los palacios y castillos de los emperadores, los templos también empezaron a adornarse con muestras de todas las artes: arquitectura, pintura, escultura. Al igual que en el ritual

---

104 Küen, Alfred, *El Culto en la Biblia y en la Historia*, op. cit. p. 208.

•Evolución histórica del culto cristiano•

judío del Antiguo Testamento, al entrar en la iglesia las gentes se lavaban las manos en pilas de agua bendita, se besaba el pórtico de entrada, se encendían velas... En definitiva, el culto o la misa, para mantener a la masa pagana, se dirigía más a los ojos y a los oídos que al corazón y al entendimiento.

Asimismo, y para que el culto fuera válido, debía pronunciarse en todas partes el mismo formulario litúrgico, sobre todo en el momento de la elevación de los elementos del pan y el vino. Para que la fórmula fuera en todas partes la misma debía pronunciarse en el mismo idioma, griego en Oriente y latín en Occidente. Estos idiomas se consideraban sagrados y por lo tanto los únicos en los que podía desarrollarse el culto.[105] El problema era que estos idiomas desaparecieron pronto como lengua popular y el pueblo en las misas no comprendía nada de lo que se decía, limitándose su participación a una presencia pasiva.

c. La Edad Media

Durante la Edad Media la Iglesia Católica dominaba toda Europa como institución enquistada en todos los órdenes de la vida. La visión teocéntrica de esta época, donde todo giraba alrededor de un Dios concebido como juez y verdugo que consideraba todo lo humano y carnal como pecaminoso en sí mismo, propició una interpretación oscurantista y pesimista de la vida, que influenció la música y el arte en general, que ya dominaban el espacio religioso. El culto ya se había convertido en misa y las distintas liturgias existentes se unificaron bajo el ritual romano con el latín como lengua litúrgica. Poco a poco la salvación por la fe fue desplazada por la salvación por los sacramentos. «*El cristianismo de la Edad Media era intensamente sacramental, sacerdotal y jerárquico..., los sacramentos eran considerados como los canales de toda gracia y el principal alimento del alma. Acompañaban la vida humana desde la cuna hasta la muerte.*»[106]

---

[105] El hebreo también era considerado como idioma sagrado
[106] Küen, Alfred, *El Culto en la Biblia y en la Historia*, op. cit. p. 218.

•El culto cristiano•

En los templos el mobiliario y la colocación del mismo empieza a sufrir cambios. La misa es pronunciada de espaldas a los fieles y la mesa de madera es sustituida por un altar de piedra sobre el que se irán colocando cirios y crucifijos. La Cena del Señor, que había sido el elemento central del culto cristiano, celebrada con «alegría y sencillez de corazón», pronto se convirtió en un sacrificio sombrío que inspiraba más temor que confianza. La hostia[107] que se repartía en el sacramento de la Comunión se sacraliza hasta el punto de ser venerada en procesiones y atribuírsele poderes especiales para curación de enfermos y bendición de las cosechas.

En cuanto al clero, decir que estaba en franca decadencia, salpicado por continuos escándalos de corrupción e inmoralidad, muchos ya ni ocultaban su estilo de vida pervertido. Las alianzas políticas de los papas con los emperadores, y la explotación financiera mediante la venta de indulgencias, simonías y dispensas, habían aumentado el poder de la inmensa maquinaria política y jurídica en que se había convertido la Iglesia Católico Romana. La Reforma era, por todo esto, una necesidad apremiante.

d. La Reforma Protestante

Con la llegada del Renacimiento en el siglo XVI, los nuevos aires de renovación y apertura llegan también al seno de la Iglesia, donde la situación de deterioro y corrupción se hacía francamente insostenible. En palabras de Maxwell:

«La celebración de la Cena del Señor se había convertido en un espectáculo dramático, que culminaba no en la comunión sino en el milagro de la transubstanciación, y que estaba señalado por la adoración, no exenta de superstición, en el momento de la elevación. Dicho en forma inaudible, en una lengua desconocida, y rodeado de un ceremonial ornamentado y, en el

---

[107] Lámina redonda y plana de pan ázimo, que el sacerdote consagra durante la misa y con la cual comulga él primero, y después los fieles.

caso de las misas cantadas, con un acompañamiento musical elaborado, el rito presentaba una magra ocasión para la participación popular. La congregación no era alentada a comulgar más de una vez al año. El sermón había caído en una grave declinación, ya que la mayor parte de los curas párrocos eran demasiado ignorantes para predicar, y el lugar de las lecciones de las Escrituras había sido usurpado en muchos días de fiesta por pasajes de las vidas y leyendas de los santos. Las Escrituras no eran completamente accesibles en los idiomas vernáculos, y las misas e indulgencias pagas eran una fuente de explotación simoníaca. La Reforma era una necesidad urgente.»[108]

Por tanto la Reforma luterana del siglo XVI fue uno de los grandes acontecimientos del Renacimiento. Significó institucionalmente hablando, una ruptura, en principio no buscada, con el imperio político-religioso de Roma, y en el aspecto cúltico un retorno a las fuentes del cristianismo bajo el lema: «sólo la fe, sólo la gracia, sólo la Escritura». A partir de entonces el principio bíblico del sacerdocio universal de los creyentes fue rescatado del olvido y promovido en todas las áreas de la vida de la iglesia. La Reforma Protestante supuso un cambio radical tanto en el fondo como en las formas cúlticas:

«Se inicia un proceso de retorno a las fuentes de la Escritura; desaparece el carácter sacrificial de la misa; el culto se vuelve cristocéntrico y dedicado exclusivamente para la gloria de Dios; ningún culto tiene carácter de obra meritoria para alcanzar la salvación; el culto deja de ser una obligación para convertirse en un privilegio; se rescata el canto litúrgico del monopolio clerical del coro; la predicación de la Palabra viene a ser el elemento principal del culto; la enseñanza de la Palabra deja de ser privilegio de los conventos y pasa a ser un derecho popular ya desde la niñez.»[109]

---

[108] Maxwell, William, *El Culto Cristiano*, op. cit. p. 91.
[109] Gómez, Panete, José Luis, *Cursillo sobre el culto cristiano*, op. cit. p. 4.

IV. FORMAS DE CULTO DESDE LA REFORMA A LA ACTUALIDAD

A partir de la Reforma Protestante surgen diversas denominaciones con énfasis particulares que a lo largo de los siglos y llegando hasta nuestros días se contabilizan en más de 20.000. Esto nos hace suponer que puede haber casi la misma cantidad de formas de culto, pues las indicaciones bíblicas sobre la manera de adorar son flexibles y dan lugar a muy variadas manifestaciones cúlticas. En lo que tiene que ver con las liturgias Occidentales inmediatas a la Reforma, en todas ellas se constatan dos elementos comunes: la centralidad de la Palabra y su exposición, y la recuperación de la Cena del Señor a la manera de la iglesia primitiva (es decir quitándole todo el carácter sacrificial y sacramental de la Edad Media).

A continuación resumimos las formas de culto más representativas desde la Reforma hasta nuestros días:

a. El culto Luterano

Martín Lutero no quiso romper definitivamente con la liturgia de Roma. Para él, reformar el culto significaba despojarlo de todo aquello que contradijera la Palabra de Dios, pero respetando todo lo demás. Lutero quitó todo elemento que pretendía hacer del culto un nuevo sacrificio de Cristo. Fue suprimiendo el latín como lenguaje eclesiástico y sustituyéndolo por el alemán, destacando el sermón y el canto congregacional. El culto luterano hoy puede constar (con diversas variaciones), de los siguientes elementos:

- Introducción con invocación trinitaria

- Confesión de pecados con lectura de Salmos

- Cánticos congregacionales

- Anuncio de la gracia y el perdón divino

- Intercesión y lectura de la Palabra

•El culto cristiano•

- Predicación de la Palabra

- Oración final que muchas veces es un Padrenuestro recitado por la asamblea

- Colecta y bendición final

La Santa Cena es integrada en el culto con periodicidad variable. Las oraciones leídas de un formulario litúrgico son preferidas a las oraciones libres y espontáneas.

b. El culto Reformado o Presbiteriano

Al contrario que Lutero, Calvino, aunque en principio adoptó la liturgia luterana de Estrasburgo, pasó después a romper definitivamente con la estructura cúltica de la misa católica para establecer un culto sobre bases estrictamente bíblicas, retornando a las fuentes del cristianismo. Basándose en Hechos 2:42, Calvino enseñaba que la celebración de los cultos debía estar constituida por la Palabra, las ofrendas de comunión, la Santa Cena y las oraciones, aunque posteriormente muchos cultos reformados limitaron la Santa Cena a 4 veces por año. El culto reformado (con las variaciones adoptadas en cada país) sigue el siguiente orden:

- *Liturgia de la Palabra*: Lectura de Salmos, confesión de pecados, oración de iluminación y sermón.

- *Liturgia del Aposento Alto*: Colecta con oración, intercesiones, Padre Nuestro parafraseado, recitación del credo apostólico, institución de la Santa Cena con oración de exhortación y consagración, oración postcomunión, bendición Aarónica.

Al contrario que en las iglesias luteranas, Calvino proponía oraciones espontáneas pero sujetas a un temario. Para orar (basándose en el Salmo 95:6) se arrodillaban y para la lectura de la Palabra se ponían de pie (Nehemías 9:4-5).

•Evolución histórica del culto cristiano•

c. El culto Anglicano o Episcopal

El manual que recoge la liturgia del culto anglicano se llama Libro de Oración Común (editado en 1549). Al igual que Lutero, los anglicanos sólo querían quitar de la liturgia católica todo aquello que estuviera en clara disconformidad con la Palabra. Se reconoce el culto anglicano como un puente entre el protestantismo y el catolicismo. Su liturgia básica es ésta:

- *Liturgia de la Palabra:* Padrenuestro con oración introductoria, lectura del decálogo y recitación del Kyrie Eleison,[110] oración por el rey, lectura de las epístolas y los evangelios, recitación del credo y predicación.

- *Liturgia del aposento alto:* ofrendas, oración por la iglesia universal, confesión de pecados y anuncio de la gracia, recitación del *Sursum Corda*,[111] consagración de los elementos, comunión, oración, canto y bendición final.

d. El culto Metodista o Wesleyano

Juan Wesley elaboró su propia liturgia a partir del Libro de Oración Común de la Iglesia Anglicana, con la predicación de la Palabra y la Santa Cena como elementos centrales, junto con un marcado énfasis en la oración, la piedad y una vida de santidad. Como movimiento espiritual surgido de la Iglesia Anglicana y separado de ella, ha dado lugar desde entonces a diversas denominaciones evangélicas[112] (Iglesia Metodista Unida, Iglesias de Santidad, Iglesia del Nazareno, etc.) todas con formas de culto y teología distintas, pero unidas por el llamado a la santidad personal. Proponemos una liturgia

---

[110] Se trata de una oración antifonal donde la congregación responde a las peticiones del sacerdote con la siguiente formula: «Señor ten piedad, Cristo ten piedad, Señor ten piedad».

[111] Lit. «elevemos nuestros corazones». Se trataba de una oración litúrgica.

[112] En España las iglesias metodistas forman parte de la Iglesia Evangélica Española. En América hay varias denominaciones de corte metodista que varían desde las más tradicionales e históricas (normalmente calvinistas en cuanto a la salvación) hasta las más renovadas (arminianas en cuanto a la doctrina de la salvación).

• El culto cristiano •

histórica basada en el Manual de Culto de la Iglesia Metodista (conferencia central) en América Latina:[113]

- Preludio

- Himno

- Llamado a la adoración (oraciones litúrgicas y antifonales)

- Oración de confesión

- Meditación personal

- Oración de perdón

- Himno o cántico

- Lectura de la Palabra

- Recitación del credo

- Lecciones tanto del Antiguo como del Nuevo Testamento

- Llamado a la oración

- Ofrendas

- Himno

- Oración personal

- Bendición

- Postludio

---

113 Adaptado de Rodríguez, Sebastián, *Antología de la Liturgia Cristiana*, op. cit., pp. 533-536.

•Evolución histórica del culto cristiano•

e. El culto en las Iglesias Libres

Nos referimos a los cultos de las iglesias con tradición anabaptista,[114] como son los Bautistas, las Asambleas de Hermanos, los Menonitas,[115] o los Cuáqueros.[116] Nos limitaremos a los dos primeros.

El culto en las Iglesias Bautistas: Es presidido por el pastor o algún otro líder cualificado. La variedad en sus formas de culto hace difícil aislar un modelo estándar. La Santa Cena normalmente es celebrada quincenal o mensualmente. Proponemos el siguiente orden de culto:

- Preludio musical

- Invocación

- Himno congregacional

- Lectura devocional

- Oración

- Bienvenida a las visitas y tiempo de alabanza

- Himno congregacional

---

114 Se aplica el nombre de «anabaptistas» (rebautizados) a un movimiento cristiano surgido en Europa antes de la Reforma y cuya peculiaridad consistía en la negación del bautismo infantil y la práctica del bautismo de adultos previa confesión de fe. Lutero y sobre todo Zwinglio condenaron dicho movimiento. En Suiza y Holanda fueron perseguidos y ahogados, llegando a sobrepasar la cifra de treinta mil los muertos por este irónico y cruel método.

115 La Iglesia Menonita proviene de los grupos anabaptistas alemanes y holandeses que recibieron la influencia de un exsacerdote católico llamado Menno Simons. Hacen especial énfasis en la no violencia negando el uso de armas de fuego y la participación en el servicio militar. En Canadá y Estado Unidos existen pueblos enteros de comunidades menonitas (*v. g.* los Amish).

116 Literalmente «los tembladores», también conocidos como «Sociedad de los Amigos». Reciben la influencia directa de Jorge Fox, quien insistía en el sacerdocio universal de los creyentes. En su enseñanza Fox no consideró necesarias las prácticas del bautismo y de la Santa Cena. Sin embargo dio mucha importancia al Sermón del Monte y especialmente a la ayuda al necesitado. Hoy en día las Asambleas de Cuáqueros son más bien sociedades de beneficencia siempre dispuestas a auxiliar en casos de desastres o guerras.

•El culto cristiano•

- Diezmos y ofrendas
- Coro
- Predicación
- Oración
- Coro
- Bendición final
- Postludio

El culto en las Asambleas de Hermanos:[117] Normalmente es presidido por alguno de los ancianos que forman parte del consejo de la iglesia. Su característica principal es que celebran semanalmente la Cena del Señor. Debido a la variedad de formas de culto entre las congregaciones, es difícil aislar un modelo único, sin embargo un orden de culto en las Asambleas de Hermanos podría ser como sigue:

- Bienvenida e himno congregacional
- Lectura bíblica devocional
- Tiempo libre de alabanza con oraciones y lecturas de los asistentes
- Ofrenda
- Anuncios
- Mensaje de la Palabra
- Himno congregacional
- Cena del Señor

---

117 También llamadas Asambleas Darbistas.

•Evolución histórica del culto cristiano•

- Himno congregacional
- Oración final

f. El Culto Pentecostal

El fenómeno pentecostal tiene sus orígenes como movimiento espiritual a principios del siglo pasado en Estados Unidos, pero sus raíces aparecen en diversos avivamientos cristianos de siglos anteriores. Son muchas las denominaciones de carácter pentecostal y por lo tanto muy variadas sus formas de culto. Sin embargo, las características fundamentales del pentecostalismo son las siguientes: especial énfasis en la obra y acción del Espíritu Santo y los dones carismáticos (lenguas, profecía, sanidad), práctica de exorcismos y oración con imposición de manos, e importancia de la adoración y la alabanza junto con la ministración a las necesidades personales. Un culto pentecostal podría transcurrir de la siguiente manera:

- Bienvenida y oración
- Tiempo de adoración y alabanza (oración, lenguas, profecías, lecturas)
- Diezmos y ofrendas
- Anuncios
- Canto de alabanza
- Predicación
- Invitación al altar para ministración (conversión, consagración, sanidad...)

---

118 Aunque el orden de culto pentecostal pueda parecer de los más cortos, sin embargo suelen ser los cultos de mayor duración, pudiendo variar entre dos y cuatro horas. Las iglesias pentecostales han dado lugar a numerosas denominaciones que a partir de la última mitad del siglo pasado han experimentado en todo el mundo un desarrollo sin precedentes.

•El culto cristiano•

- Canto de alabanza
- Bendición final y despedida[118]

g. El culto católico: La reforma litúrgica de Vaticano II

Dentro del culto católico, la misa, debemos mencionar el concilio Vaticano II por los cambios que promovió sobre todo en el ámbito litúrgico. Con la reforma alentada por el concilio, la Iglesia Católica abandonaba su inmovilismo histórico y se abría al mundo moderno. Convocado por el papa Juan XXIII, al que todos le suponían un pontificado de transición, el concilio supuso un cambio dramático que removió los cimientos de la Iglesia Católica. El 11 de Octubre de 1962, el papa Juan XXIII en su discurso de apertura, hizo un llamamiento a la consecución de dos propósitos principales: uno, modernizar la iglesia sin renunciar a la tradición, y otro, en la defensa del catolicismo, responder no tanto con la artillería de la autoridad y el dogma, sino con un espíritu conciliador y ecuménico.

Pero realmente donde se dio el cambio sustancial, fue en las estructuras litúrgicas de la misa. La reforma del culto, fue por tanto uno de los mayores objetivos del concilio, y en muchos aspectos se persiguieron los mismos fines que postuló la Reforma Protestante. En el ámbito litúrgico los principales cambios fueron los siguientes:

- Adaptar la liturgia a las necesidades de cada cultura
- Permitir la celebración de la misa en las lenguas vernáculas
- Dar una mayor importancia a la lectura y proclamación de la Palabra
- Acercar la misa al pueblo, favoreciendo una mayor participación de los fieles

En estos aspectos y en otros, el concilio Vaticano II cambió la imagen de la Iglesia Católica dotándola de un nuevo espíritu de tolerancia y libertad. Casi 40 años después, cabría preguntarse si ese mismo espíritu impulsor, sigue

•Evolución histórica del culto cristiano•

presente. Dejamos tal reflexión al criterio de cada lector. En cuanto a la liturgia después del concilio, sigue el siguiente orden básico, con las variaciones propias de cada lugar:

Liturgia de la Palabra

- Saludo del celebrante (sacerdote)

- Acto penitencial (confesión de pecados)

- Canto o recitación del Gloria

- Oración colecta (alusiva al santoral)

- 1ª lectura AT

- Lectura de un Salmo

- 2ª lectura Epístola

- Canto del Aleluya

- Lectura del evangelio

- Homilía

- Credo

- Plegaria de los fieles

Liturgia de la Eucaristía

- Presentación de ofrendas (símbolos del pan y el vino)

- Oración de ofrendas

- Plegaria eucarística

- Rito de la comunión

•Evolución histórica del culto cristiano•

- Rezo del Padrenuestro
- Signo de la paz
- Comunión
- Oración de bendición y despedida

Capítulo 3

HACIA UN MODELO DE CULTO EN EL CONTEXTO DEL SIGLO XXI

•Hacia un modelo de culto en el contexto del siglo XXI•

A lo largo de todo el libro, venimos definiendo qué es el culto junto con los aspectos periféricos del mismo. Hemos hecho una rápida evaluación de su evolución a través de la historia, y ahora, sobre la base de todo lo visto, queremos analizar y proponer una actualización del culto cristiano a la luz de esa historia y del contexto postmoderno que nos toca vivir. En este último capítulo, comenzaremos analizando el contenido, la estructura y el estilo del culto cristiano, junto con los distintos medios usados para comunicar a través de la historia, para finalizar proponiendo un modelo de culto que combine la historia y la actualidad.

I. ANÁLISIS Y ESTRUCTURA DEL CULTO CRISTIANO

a. Contenido

Desde los tiempos de Moisés y al comienzo de la consolidación del pueblo hebreo como la nación de Israel,[119] Dios mismo se revela como un Dios celoso para con los suyos. Ya en el libro de Deuteronomio, capítulo 6, tenemos lo que se conoce como la oración del pueblo judío,[120] que la propia Palabra denomina «El gran mandamiento» y que a partir de aquel momento se constituiría como la oración lema de la nación de Israel. En los versos 4 y 5 se desvela parte del corazón y el contenido de la adoración: *«Oye Israel, Jehová nuestro Dios, Jehová uno es. Y amarás a Jehová tu Dios con todo tu corazón y de toda tu alma, y con todas tus fuerzas»*.

---

[119] Toda nación se consolida como tal cuando tiene una legislación que regule su convivencia, cuando posee un territorio que contenga al pueblo y delimite sus fronteras, y cuando tiene un órgano de gobierno establecido, con un rey o presidente a la cabeza. El pueblo hebreo acababa de recibir los 10 mandamientos, es decir, la legislación, se dirigía a tomar posesión de la tierra prometida, el territorio nacional, y tenía en Jehová mismo a su rey soberano.

[120] También denominada «la gran shema».

•El culto cristiano•

El contexto politeísta de los pueblos contemporáneos con Israel, hacía necesario recordarles que el único Dios era Jehová, y sólo a Él le debían rendir culto. Por tanto un primer aspecto del contenido de la adoración[121] es Dios mismo, su unicidad y exclusividad. Un segundo aspecto que no debemos olvidar es su carácter trinitario. La adoración alaba al Padre eterno y trascendente, da gracias por la Obra redentora del Hijo e invoca la presencia del Espíritu Santo como agente santificador de nuestras vidas. Finalmente, el tercer aspecto del contenido del culto, sin duda el más celebrado, es su carácter cristológico, que rememora la historia victoriosa de la salvación en Cristo y se esperanza con su gloriosa segunda venida.

Esquema 1

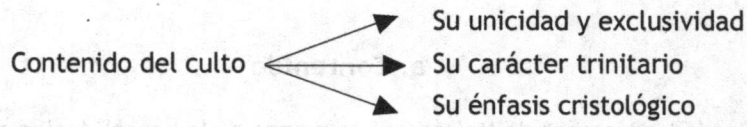

Contenido del culto
- Su unicidad y exclusividad
- Su carácter trinitario
- Su énfasis cristológico

b. Estructura bíblica

El culto cristiano reúne todo el simbolismo cristológico y escatológico desde las primitivas ofrendas y sacrificios de Génesis[122] y la época patriarcal, pasando por la legislación de esos sacrificios y ofrendas con la llegada del Tabernáculo y del Templo, hasta el surgimiento de las sinagogas con su énfasis en la enseñanza de la Palabra.[123]

Hasta la era cristiana, todo el sistema sacrificial del Templo y el Tabernáculo era tipo de Cristo el auténtico Cordero que había de ser sacrificado en expiación por los pecados del mundo. El simbolismo de todo el sistema cúltico

---

121 Usamos los términos «adoración y culto» como sinónimos.
122 Ver el punto VIIc, del capítulo I.
123 Ver el punto I del capítulo II.

•HACIA UN MODELO DE CULTO EN EL CONTEXTO DEL SIGLO XXI•

del AT se había cumplido con el sacrificio expiatorio de Cristo en la cruz del Calvario. Todo este simbolismo sacrificial es alcanzado y rebasado, quedando recogido en la Cena del Señor donde recordamos ese sacrificio, simbolizamos la unidad como cuerpo de Cristo al comer y beber los símbolos del pan y del vino, y participamos del *ya pero todavía no* del banquete mesiánico.

A partir de la sinagoga, el culto se vuelve menos ceremonioso y aunque el simbolismo del Tabernáculo sigue existiendo, el nuevo énfasis es dado a la enseñanza y predicación de la Palabra de Dios. Ya en época cristiana y cuando Cristo instituye la Santa Cena, todo ese simbolismo del que hablamos, que apuntaba hacia Cristo, deja de ser, para convertirse la Mesa del Señor en el nuevo símbolo de su Obra redentora. De manera que el **símbolo** (Mesa del Señor) y la **Palabra**, en el marco de la experiencia cristiana y la acción del Espíritu Santo, se constituyen en la base del culto primitivo. Observemos lo dicho en este esquema sobre la estructura del culto.

Esquema 2

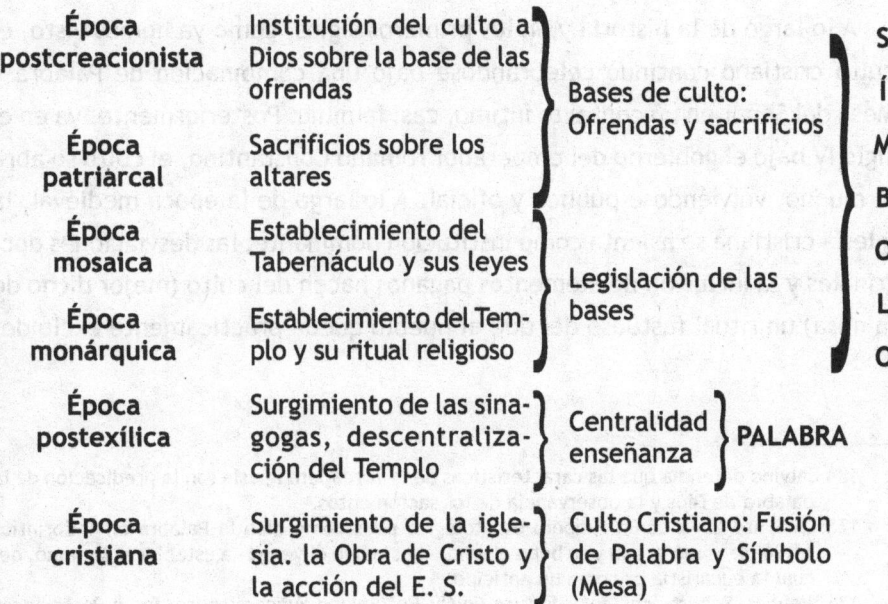

•El culto cristiano•

Hemos visto como la base del culto desde Génesis hasta Hechos ha ido evolucionando hacia una combinación de Palabra y Mesa del Señor.[124] Desde los primeros tiempos del cristianismo, y reforzado por Hechos 2:42 (probablemente el texto más claro sobre los componentes del culto), la base del culto cristiano sigue siendo la Palabra y la Mesa del Señor, pero como decimos, ya en el nuevo contexto de la obra completada de Cristo y la presencia activa del Espíritu Santo.

«El culto de la iglesia llegó a ser la expresión fundamental del contenido tanto del Antiguo como del Nuevo Pacto. El Antiguo, que anticipa el Nuevo, fue preservado en la liturgia de la Palabra. Y el Nuevo, que cumple el Antiguo, fue expresado en la liturgia de la Eucaristía,[125] la memoria de la muerte y resurrección de Cristo que inauguró el Nuevo. Por consiguiente tanto la Palabra como el sacramento celebran a Jesucristo y su obra de creación, encarnación, y re-creación.»[126]

c. Estructura histórica

A lo largo de la historia y en los primeros siglos, como ya hemos visto, el culto cristiano continuó celebrándose bajo una combinación de Palabra y Mesa del Señor en un contexto íntimo, casi familiar. Posteriormente, ya en el siglo IV bajo el gobierno del emperador romano Constantino, el culto se abre al mundo, volviéndose público y oficial. A lo largo de la época medieval, la iglesia cristiana se asienta como institución dominante; las desviaciones doctrinales y la inclusión de elementos paganos hacen del culto (mejor dicho de la misa) un ritual fastuoso del que el pueblo queda prácticamente excluido.

---

[124] Calvino defendía que las características de la verdadera iglesia son la predicación de la palabra de Dios y la observancia de los sacramentos.
[125] La Santa Cena es un símbolo escatológico pues como dice la Palabra en 1 Corintios 11:26, se come el pan y se bebe el vino, «hasta que él venga» a establecer su reino, del cual la eucaristía es como un anticipo.
[126] Webber, Robert, *Ancient - Future Faith: Rethinking Evangelicalism for a Postmodern World*, op. cit., p. 27.

•Hacia un modelo de culto en el contexto del siglo XXI•

Ya en el Renacimiento, la Reforma Protestante supuso un llamado a la reconversión de la iglesia, se suprimen las prácticas paganas, la Palabra adquiere protagonismo y el culto se desclericaliza.

A partir de la segunda mitad del siglo XVI y hasta el XIX, el estudio sistemático de la Biblia, las distintas interpretaciones que surgieron (junto con la proliferación de catecismos, doctrinas), y la aparición tanto en Europa como en América de hombres consagrados que marcaron fuertes liderazgos,[127] favoreció el desarrollo de denominaciones protestantes con sus énfasis particulares. En los siglos posteriores y hasta la actualidad, éstas derivaron en cierto «denominacionalismo»,[128] fragmentando el culto al apropiarse muchas de ellas de elementos a los que consideraron casi privativos de su confesión o denominación: los bautistas del bautismo, las asambleas de hermanos de la enseñanza, los carismáticos y pentecostales del énfasis en el Espíritu Santo, los reformados de la doctrina, los metodistas de la santidad, etc. Todo esto favoreció que muchas denominaciones capitalizaran en sus cultos su énfasis doctrinal particular, mutilando estos y excluyendo otros elementos legítimos[129] al considerarlos sospechosos, prejuiciando así otras formas de hacer dentro de la multiforme gracia de Dios.

De manera que de los sencillos cultos de la iglesia primitiva, pasando por el clericalismo y la sacralización en la Edad Media, el retorno a la Palabra y a la sola fe con la Reforma; la influencia de la época moderna con la Ilustración, y la postmodernidad con el sincretismo y lo mistérico,[130] llegamos a nuestros días con un tipo de culto al que llamaremos «culto fragmentado».

---

[127] Jacobo Spener, Juan Wesley, Jorge Whiteffiel, Carlos Finney, Carlos Spurgeon, Juan Darby, Dwight L. Moody, y otros.
[128] El fenómeno de las distintas denominaciones cristianas (que se contabilizan en más de 20.000) en lugar de provocar riqueza y variedad, en muchos casos ha generado divisiones y posicionamientos fundamentalistas. Eso es lo que queremos decir con «denominacionalismo».
[129] Por ejemplo en los cultos algunas denominaciones se aferran a una liturgia fija, mientras que otras prefieren la espontaneidad, en unas la Santa Cena es semanal, en otras quincenal, mensual o trimestral. En unas denominaciones admiten el uso de cualquier instrumento musical, en otras sólo el órgano y los himnos están permitidos.
[130] De la cultura postmoderna y sus características hablaremos más adelante.

•El culto cristiano•

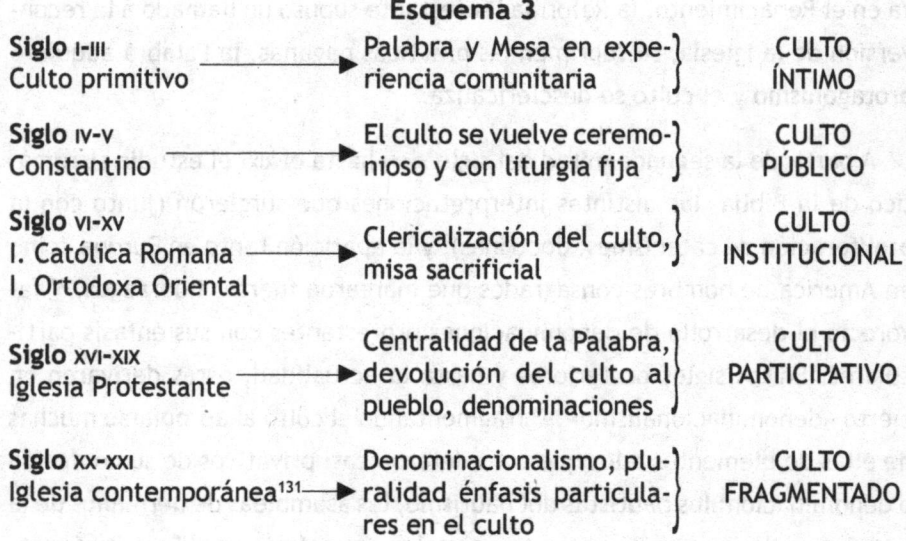

Esquema 3

d. Las formas históricas de comunicación

Cada etapa de la historia tiene su cosmovisión y estilo, su manera peculiar de comunicar ideas y conceptos. El estilo de nuestros cultos tiene que saber amoldarse a las «modas comunicativas» de cada época sin perder la inmutabilidad de su contenido y estructura. El fin es el mismo pero los medios usados en cada época de la historia varían. Es cierto que corremos el riesgo de considerar los medios como un fin en sí mismos, cuando el fin es siempre adorar a Dios, pero es precisamente al análisis histórico al que le debemos la posibilidad de no cometer los errores de los que nos precedieron, imitando sus aciertos. Proponemos un rápido repaso a los medios usados para comunicar información en cada una de las etapas de la historia:

Durante la Edad Antigua, los primeros siglos del cristianismo, la transmisión oral fue el medio popular para comunicarse. A lo largo de la Edad Media la mayoría de las personas no sabían leer y los libros, que eran extremadamente caros, sólo estaban al alcance de los más ricos o reservados a los

---

131 Ahora nos limitamos a la Iglesia Protestante Evangélica.

•Hacia un modelo de culto en el contexto del siglo XXI•

monasterios. La idea de la iglesia como institución que dominaba sobre todas las ciencias y las artes,[132] unido a cierto ambiente oscurantista donde el mundo pecaminoso era visto como un tránsito hacia el reino celestial, propició que el mensaje del evangelio y su estilo cúltico fuesen más bien dirigidos a la vista (arte en general) y al oído (música).

La Reforma, aunque necesaria, supuso en algunos casos un cambio demasiado drástico respecto de un pasado al que se anatemizaba de forma general. Ciertamente, aunque Lutero no quiso romper con la Iglesia Católico Romana, su valiente denuncia de los excesos y de la corrupción que en ella se daban, fue el pistoletazo de salida para una reacción que en muchos casos se permitió prescindir de ciertos elementos legítimos en la historia del culto cristiano.[133] «*La mente se convirtió en el único receptor de la verdad, y prácticamente todas las formas visuales de comunicación desaparecieron.*[134] *En su lugar la nueva iglesia ofrecía un espacio espartano ocupado sólo por la palabra hablada.*»[135]

El Renacimiento dotó en su apertura y avance de nuevos y rápidos métodos de comunicación basados en la escritura,[136] por lo que la comunicación se volvió didáctica y se individualizó. Como venimos diciendo, se desecharon todos los indicios de comunicación visual en los templos, en muchos casos suprimiendo junto con las imágenes toda la rica simbología cristiana, junto con las fiestas paganas elementos legítimos del calendario litúrgico.[137] Se produjo una reacción de péndulo, y hasta podríamos decir que en un exceso

---

[132] Lo que nos lleva a la conclusión que durante la Edad Media más bien fue el mundo el que se adaptó a la cosmovisión religiosa de la época.

[133] Por ejemplo la simbología cristiana que en algunos casos fue rechazada junto con toda la imaginería y expresiones artísticas del medievo.

[134] Debemos mencionar que esto es cierto en cuanto a Zwinglio y los reformadores suizos, no en cuanto a Lutero.

[135] Webber, Robert, *Planning Blended Worship*, op. cit. p. 10.

[136] La invención de la imprenta de tipos móviles por Johannes Gutenberg sobre el año 1440, supuso una revolución en la comunicación, siendo la Biblia traducida al alemán, el primer libro impreso en sus talleres.

[137] Este ruptura definitiva con todo lo catolicorromano se dio más bien a partir de Calvino, pues en realidad Lutero sólo quería quitar de la misa los elementos sacrificiales, pero conservando todo lo demás.

•El culto cristiano•

de celo por recuperar la autenticidad, se secularizó el culto. En cualquier caso, la Reforma era algo absolutamente necesario y la Palabra adquirió el protagonismo que le correspondía, al ser traducida a las lenguas vernáculas y difundida como nunca antes a través de la imprenta.

En cada uno de estos periodos históricos el cristianismo siempre ha debido adaptar su estilo de adoración (con mayor o menor acierto) a los diferentes medios y principios de comunicación dominantes. Veamos lo dicho, representado en el siguiente esquema:

Esquema 4

La cultura antigua	100-500 La voz[138]	Período común del cristianismo
Edad Media	600-1500 La vista y el oído	Iglesia Católica Romana, I. Ortodoxa Oriental
Renacimiento y Reforma	1500-1750 La escritura y la mente	Iglesia Protestante
Modernidad Ilustración	1750-1980 La razón y la imagen	Proliferación de denominaciones Cristianas, filosofías y sectas
Postmodernidad	1980-siglo XXI La imagen y el símbolo	

A lo largo de este capítulo y dentro de los aspectos internos del culto cristiano, hemos visto que la base del mismo es la Palabra y la Mesa del Señor, y que el contenido del culto resalta la unicidad y exclusividad de Dios como único objeto de adoración, su naturaleza trinitaria, y dentro de ella, su marcado énfasis cristológico. Dentro de los aspectos externos, hemos

---

[138] Este medio de comunicación, que ha servido para que la cultura no se perdiese y fuese transmitida de padres a hijos, se llama transmisión cultural.

•Hacia un modelo de culto en el contexto del siglo XXI•

hecho una rápida mirada a la evolución histórica del culto cristiano desde sus inicios en la iglesia primitiva, en lo que denominamos *culto íntimo*, hasta las postrimerías del siglo xx con el *culto fragmentado*. Las causas de esta evolución las encontramos por un lado, en la influencia que sobre el culto han tenido las distintas etapas de la historia (Escolasticismo, Renacimiento, Ilustración...) cada una con su particular cosmovisión del mundo, y por otro lado, en el estilo comunicativo de cada una de dichas etapas: voz, escritura, imagen...).

Una vez hecho este análisis de la historia pasada, la meta a partir de ahora va a ser que sobre el análisis de lo inmediato, de nuestro actual momento histórico, sepamos encontrar la mejor manera de celebrar nuestros cultos, con la base y el contenido de siempre, pero adaptándolos en su forma y estilo comunicativo a la época histórica que nos toca vivir. Pero vayamos por partes, y ya que hablamos de nuestra etapa histórica inmediata, la postmodernidad, veamos cuales son sus características y cuál su influencia en el cristianismo en general y en el culto en particular.

II. INFLUENCIA DE LA CULTURA POSTMODERNA

a. La Sociedad Postmoderna

La postmodernidad es una corriente cultural caracterizada por la muerte de todos los ideales que hasta ahora mantenían en pie la dignidad y la esperanza del hombre. El siglo xx marcó una etapa de profundos contrastes: dos guerras mundiales, múltiples revoluciones, dictaduras militares, auge del capitalismo y derrumbe de los ideales socialistas, desastres ecológicos, aumento del contraste entre ricos y pobres... etc. Por tanto, la época que nos toca vivir no sólo coincide con el cambio de milenio, sino que además asistimos con el fin del siglo xx a un auténtico derrumbe de todos los sistemas filosóficos, políticos, morales y religiosos que han servido de baluarte durante la época moderna, es decir desde el Renacimiento en el siglo xvi hasta la década de los ochenta en el siglo xx.

Este caos postmoderno produce una pérdida de horizontes y de referentes en todos los órdenes de la vida. Da la sensación que el mundo está en fase terminal. Esta desorientación en cuanto a todo, favorece un vacío existencial, que a su vez y por reacción, provoca cuatro de las características principales de la sociedad postmoderna: hedonismo, indivudualismo, narcisismo y relativismo. El lema para cada una de estas características sería: «el placer por el placer», «yo me basto», «yo soy el centro del mundo», «todo vale, no hay verdades absolutas».

En el ámbito religioso se produce una extraña simbiosis, por un lado la secularización lo impregna todo, pero a la vez la sociedad postmoderna carente de ilusiones y esperanza, necesita nuevos ídolos e ideologías que no tengan nada que ver con las religiones y creencias tradicionales. De esta manera y paradójicamente, a la secularización tradicional, le precede por un lado, la sacralización de eventos socioculturales, y por otro el auge de movimientos filosófico religiosos de raíz oriental. La apatía social y la nega-

•El culto cristiano•

ción de las creencias tradicionales y del cristianismo histórico, deja un hueco que revela su importancia, pero que exige nuevas formas de culto. De esta manera nacen las modernas religiones de la música, el culto al cuerpo o el deporte. El Doctor Antonio Cruz, hablando de la música rock, dice:

> «Se caracteriza por el elevado grado de ritualismo que se origina en sus conciertos. En algunos momentos de estas actuaciones, el ceremonial, buscado y deseado tanto por los músicos como por los espectadores, llega a ser casi religioso... Los conciertos de rock son los cultos grupales de la postmodernidad en los que se sacralizan las propias relaciones sociales.»[139]

Es cierto, hablamos de la sacralización de lo profano dentro de la secularización tradicional, se trata de rizar el rizo, de buscar nuevos caminos fuera de lo convencional y de lo establecido. Renacen con más fuerza sincretista las filosofías y religiones orientalistas tipo Nueva Era, surgiendo así un inusitado interés por una espiritualidad de corte esotérico. Pero lo que es peor aun, surge también un renovado interés por el mundo de lo oculto, llegando a los medios de comunicación habituales, los magos y agoreros televisivos, y aun a determinados ámbitos cada vez menos discretos o aislados, las misas negras y los cultos satánicos.

En el ámbito familiar las perspectivas tampoco son muy halagüeñas. La familia nuclear tradicional formada por el matrimonio y sus hijos, ha desaparecido como institución básica de la sociedad, siendo desplazada por los nuevos «modelos familiares»: las parejas de hecho, las parejas de homosexuales, las familias uniparentales... El divorcio y la violencia doméstica son moneda corriente en el ámbito familiar. La televisión ya forma parte del mobiliario habitual en los hogares, no sólo en el salón, sino también en los dormitorios, fomentando la incomunicación y el aislamiento. Los principios de autoridad y obediencia en la educación de los hijos ya no existen por parte de éstos, ni para sus padres, ni para sus maestros, ni siquiera para las autoridades civiles.

---

139 Cruz, Antonio, *Postmodernidad*, op. cit., pp. 136, 138.

• Hacia un modelo de culto en el contexto del siglo XXI •

En definitiva, la cultura que promueve la sociedad postmoderna, niega la existencia de todos los valores éticos y morales de siempre, es como si la humanidad, tal y como la hemos entendido hasta ahora, agonizara herida de muerte, o como el *ave fénix* que renace de sus propias cenizas, pero en este caso, sin saber muy bien a que nuevo engendro dará a luz.

b. El hombre postmoderno

El hombre actual (como todos los hombres en todos los tiempos) sigue necesitando depositar su fe en algo, aparte de sí mismo. Puede que niegue o mejor dicho, ignore conscientemente la existencia de Dios, pero el vacío existencial que pretende ignorar a golpe de placer y superficialidad no anula la realidad del mismo, aunque las barreras son muchas. En realidad, y muy escondido en el fondo, el hombre de hoy agoniza por algo auténtico, inmerso como está entre tanta banalidad, individualismo y superficialidad. Como dice Schaeffer: «*Nuestra generación se halla hambrienta, tiene hambre de amor, de belleza, de significado. El polvo de la muerte lo cubre todo*».[140]

Cuando el hombre postmoderno se da cuenta de que no puede creer en nada de lo que ha creído hasta entonces, su respuesta es centrarse en si mismo, volverse narcisista. No se trata de una vuelta al humanismo y a su cosmovisión optimista enfocada a las posibilidades de la razón y de la capacidad humana. No, eso ha muerto, ahora la seguridad sólo se encuentra en el aspecto exterior. Por tanto, el cuerpo es considerado el todo de la persona, la figura humana se eleva a la categoría de mito y se establecen medidas perfectas sustituyéndose la ética por la estética. Los implantes, la cirugía y las inyecciones hormonales son la solución para el «cuerpo a la carta». Se busca la saciedad en todo, pero al mismo tiempo ésta produce frustración moral y esta frustración e insatisfacción personal lleva a un mayor empeñamiento en la carne y los sentidos. Entonces ya no basta la satisfacción, se busca la sofisticación.

---

140 Schaeffer, Francis. *Muerte en la Ciudad.* E:E.E. Barcelona 1973. p. 25.

• El culto cristiano •

¿Podemos esperar de este «modelo» de hombre, instintivo y egocéntrico, que se tome el tiempo y el esfuerzo de comunicar y profundizar en su relación consigo mismo, con su familia, con la iglesia? De las preguntas retóricas, ya sabemos la respuesta. Sin embargo, y frente a ese prototipo de hombre postmoderno, todo ser humano tiene tres necesidades básicas que no le vienen dadas por su condición social ni por su posicionamiento filosófico, sino por su naturaleza de ser humano. A saber: identidad, trascendencia, y sociabilidad.

Identidad viene de *idéntico* que significa «igual o muy parecido», identidad es: «cualidad y vivencia del yo que proporciona un sentido unitario a la personalidad».[141] Todo hombre necesita saberse igual a otros y conocer las grandes preguntas de la vida ¿quién soy?, ¿qué soy?, ¿para qué estoy aquí? La identidad da seguridad y sentido de pertenencia, arraigo y valía al que la posee.

Trascendencia. Esta es la segunda necesidad básica del hombre en tanto que persona. Hay en nosotros un sentido del más allá, una parte de nuestro ser ansía lo sublime y la altura espiritual. No podríamos vivir sin llenar ese vacío existencial y profundo que hay en nuestra alma. Lo triste del asunto es que lo llenamos con religiones falsas y huecas, y lo que es peor, con el mundo de lo oculto y esotérico.

Sociabilidad. El hombre tecnológico a pesar de su «desnaturalización» no puede negar haber sido hecho a imagen y semejanza de Dios, y por tanto tiene necesidad de vivir en sociedad, rodeado de iguales que le confieran seguridad y protección. Somos seres relacionales.

La raza humana, por tanto, tiene las mismas necesidades de identidad (yo), trascendencia (Dios) y sociabilidad (nosotros). El gran problema es que el postmodernismo ha destruido y menoscabado esos cimientos y el edificio humano se derrumba. Incluso entre los cristianos se está perdiendo el sentido de colectividad, de comunidad, todo está enfocado hacia el individuo.

---

141 Cerezo, Sergio. *Diccionario Enciclopédico Santillana*, op. cit. p. 701.

•Hacia un modelo de culto en el contexto del siglo XXI•

Para muchos el culto dominical es sólo una obligación religiosa que se puede satisfacer desde el televisor de casa y ofrendando por correo o transferencia bancaria. Estamos destruyendo nuestras estructuras ónticas y cúlticas en función de nuestra comodidad e individualismo.

Hasta aquí hemos visto cómo en la cultura postmoderna la familia pierde protagonismo y se desintegra, el concepto de autoridad no existe y el individuo se vuelve cada vez más pesimista y egocéntrico buscando la inmediata satisfacción de los sentidos. Desde luego esto favorece la incomunicación y el aislamiento. ¿Sucede lo mismo con el cristiano postmoderno?

c. Cristianismo y postmodernidad

El cristianismo en la cultura postmoderna se vive en muchos casos desde una perspectiva funcional y acomodada, surge la fe emocional promovida por la importancia del sentimiento, y la herencia individualista, insolidaria, y superficial de nuestra sociedad. Muchos cultos evangélicos se suceden desde una dimensión festiva irreal, se busca la experiencia mística, estática, se buscan cultos triunfalistas, pero libres de compromiso directo, en ocasiones como auténticos espectáculos donde sólo se persigue estimular los sentidos y crear un ambiente de euforia, que en muchos casos no se corresponde con la vida diaria de sus miembros, a veces con mal testimonio personal y familiar.

Muchos cristianos acuden al templo no tanto por convicción o por un sentido del deber cristiano, sino por conveniencia: «hoy llueve, mejor me quedo en casa, hoy predica fulano, iremos al culto». Se vive un cristianismo amoldado y acomodado a la sociedad, libre de compromiso, sentido del deber y al servicio de nuestro capricho momentáneo. Incluso algunos cristianos actúan como si casi le hicieran un favor a Dios yendo a los cultos.

Ciertamente entendemos que debe haber una dimensión festiva del culto, el hecho de la resurrección y el mensaje general del evangelio, es motivo de gozo y alegría y es bueno expresar esto en los servicios, pero buscando siempre que nazca de una realidad interior y de un conocimiento y asunción

•El culto cristiano•

de la Palabra de Dios, y no de un mero emocionalismo pasajero o de una histeria colectiva que busca experiencias extáticas y emociones fuertes, en vez de compromiso y fidelidad a Dios y a su Palabra. Lo que debe preocuparnos no es si el cristiano «se cae» o no, en cultos o campañas evangelísticas, sino mas bien «cómo anda» en su vida cotidiana.

Sin embargo, en sentido opuesto y precisamente debido al postmodernismo, a su desesperanza, falta de valores e inseguridad, gran parte de la cristiandad busca y anhela volver a un culto más profundo, más estructurado, asentado sobre la realidad de los acontecimientos histórico-salvíficos de la vida de Jesucristo, con verdades absolutas y principios que no cambien. Necesitamos la autenticidad y eternidad de la Palabra de Dios, su valor inmutable, pues como ella misma manifiesta: *«La hierba se seca, la flor se marchita, pero la Palabra del Dios nuestro permanece para siempre».*[142]

Sin duda alguna, debemos adaptar las formas de expresión cúltica a los tiempo modernos y debemos ser también sagaces a fin de saber presentar en nuestros cultos el vino nuevo pero en odres también nuevos, sin trastocar el mensaje y predicando todo el consejo de Dios. Por tanto hoy en día, frente a todo el caos postmoderno, son muchos los que se dan cuenta de la necesidad de guardar un orden y recuperar lo positivo de la herencia histórica en nuestros cultos, superando prejuicios y buscando una sujección mayor a la Palabra, haciendo de la iglesia la «familia de familias», y de los cultos encuentros gozosos y esperanzadores, que sean una alternativa real, una opción distinta a esta cultura de la desesperanza.

Hemos mencionado los rasgos generales de la cultura postmoderna y sus postulados fundamentales. Sintetizando, apuntamos siete características del hombre y la sociedad postmoderna que sin duda afectan y condicionan nuestros cultos y su expresión:

- 1ª La cultura individualista y la incomunicación

---

[142] Isaías 40:8

Hacia un modelo de culto en el contexto del siglo XXI

- 2ª La destrucción de la familia tradicional
- 3ª El menoscabo del concepto de autoridad
- 4ª La falta de identidad y arraigo en un mundo del que no nos sentimos parte
- 5ª La sacralización de lo profano dentro de la secularización tradicional
- 6ª La secularización del culto privándolo de su sentido trascendente
- 7ª Los prejuicios denominacionales y la fragmentación de los elementos del culto

Frente a todo esto, nuestros cultos deben incentivar la participación de los fieles, favoreciendo la relación litúrgica y proveyendo un ambiente de cuerpo, de familia espiritual. Necesitamos cultos acogedores que brinden seguridad y sentido de arraigo, para lo cual debemos «resacralizar» el culto devolviéndole su trascendencia y sentido sublime. Pero también necesitamos cultos en los que el concepto de autoridad[143] y orden sea bien entendido y asumido con gozo. En definitiva, cultos que ofrezcan lo que este mundo no puede ofrecernos: orden, identidad, esperanza, trascendencia.

d. Las formas actuales de comunicación

En realidad este es el quid de la cuestión: ¿Cómo comunicar en nuestros cultos las verdades de siempre al hombre de hoy? El estilo de nuestros cultos debe ir paralelo a los nuevos medios de comunicación dados en cada etapa de la historia. En el esquema 4 dejamos sin desarrollar la etapa histórica correspondiente a la modernidad y a la postmodernidad.

---

143 La palabra «autoridad» viene del latín «autoritas» de donde se deriva «autor» que es alguien «que expone», alguien que convence por sus argumentos y por su estilo de vida. Alguien a quien se sigue por convicción y no por exigencia o coerción. Por tanto el correcto sentido de autoridad tiene que ver con exposición y no con imposición, lo cual sería «autoritarismo».

•El culto cristiano•

La modernidad que se desarrolló en pleno siglo XVIII, se caracterizó por una nueva filosofía de la vida conocida como Ilustración, filosofía que interpretaba el mundo a partir de la razón y el análisis que era lo que iluminaba todas las esferas de la vida, eliminando las viejas supersticiones, prejuicios y creencias religiosas que no se asentaran sobre la base de la lógica y la razón. El concepto ilustrado ha perdurado hasta finales del siglo XX y ha promovido la aparición de la teología liberal que basada en conceptos de la modernidad como son el énfasis en la lectura, la razón, el análisis, la investigación, la objetividad, etc.; ha provocado que muchos cultos se secularizasen, asemejándose más a aulas de enseñanza donde todo lo sagrado, misterioso y trascendente de la fe cristiana, era olvidado o mejor dicho, rechazado. Llamaremos a este tipo de culto, dirigido a la mente y a la lógica, *«culto pedagógico»*.

Pero no debemos olvidarnos de la otra gran corriente intelectual que también influyó en el estilo de culto durante el siglo XIX. Nos referimos al Romanticismo, que con su énfasis en el sentimiento y una visión idealizada del mundo provocó un despertar espiritual que tuvo como resultado un tipo de culto más evangelizador, dirigido al pecador, y donde la ministración a las necesidades personales y la invitación al altar eran la norma. Esto favoreció el gran avivamiento del siglo XIX que, protagonizado en Europa por Juan Wesley y en América por Carlos Finney, resultó en un tipo de culto dirigido al corazón de la persona, a la búsqueda de la santidad. Un culto que llamaremos *«culto introspectivo»*.

Estos dos enfoques modernos de culto (causantes del «culto fragmentado» del que hablamos en el esquema 3), es decir, el pedagógico y el introspectivo, han estado en conflicto histórico dentro del protestantismo evangélico en general, causando no pocas controversias y divisiones. Los extremos de estos dos enfoques corresponderían, por el lado pedagógico, a muchas de las actuales iglesias protestantes históricas, que se consideran legítimas herederas del espíritu de la Reforma y cuyo culto va dirigido a la mente, centrado en la doctrina y la Palabra, y que no reconocen a los que para ellos son «otras sectas evangélicas»; y por el lado introspectivo, a muchas de las iglesias evangélicas libres, principalmente pentecostales y carismáticas, cuyo

HACIA UN MODELO DE CULTO EN EL CONTEXTO DEL SIGLO XXI

culto va dirigido al corazón, los sentimientos y la acción del Espíritu Santo (particularmente deseada en los dones más espectaculares), y que también menosprecian a los que no bailen, rían o hablen en lenguas. Tristemente, y como todos los extremos se tocan, lo único que les vincula es el que ambos, en sus postulados opuestos son fundamentalistas.

Pero realmente es el espíritu de la Ilustración el que ha prevalecido y ahora choca frontalmente con el estilo comunicativo de la postmodernidad. Hacia finales de la segunda mitad del siglo xx, el concepto ilustrado, con su énfasis en la razón y la observación, se ha desvanecido y el mundo occidental, desengañado del humanismo, el racionalismo y la fe en el progreso, ha ido adoptando una filosofía de vida más sincretista y universal, surgiendo una necesidad vital de buscar nuevos valores y experiencias, junto con una sensibilidad hacia lo espiritual y esotérico.

Observemos el siguiente esquema comparativo entre la comunicación de la Ilustración y la postmodernidad.

Esquema 5
COMUNICACIÓN DE LA ILUSTRACIÓN[144] COMUNICACIÓN DE LA POSTMODERNIDAD

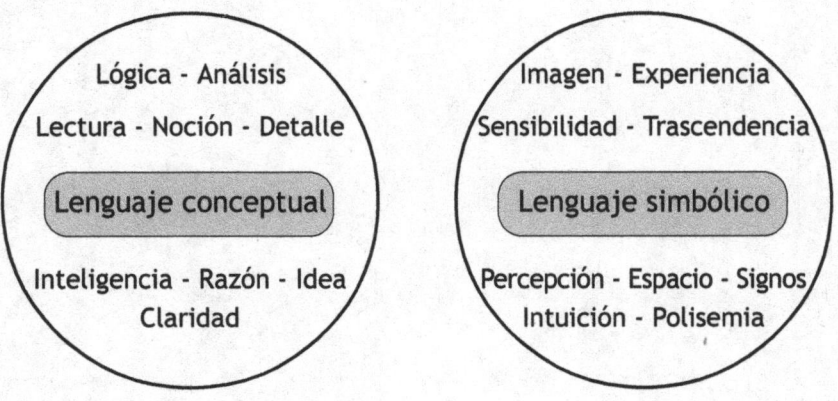

---

[144] Adaptación del esquema de Pierre Babin, usado por Robert Webber.

•El culto cristiano•

Para resumir, observamos que la comunicación a lo largo de la modernidad se sirvió de la Ilustración para promover un tipo de lenguaje basado en lo racional y lógico, en conceptos y nociones, es decir un lenguaje conceptual; mientras que la comunicación de la postmodernidad es mucho más abstracta y ambigua, basada en sentimientos e intuiciones. Una comunicación eminentemente visual y simbólica.

Concluimos este apartado reconociendo que el tipo de comunicación acertado para comunicar en esta sociedad audiovisual de hoy en día, pasa por el uso del lenguaje simbólico, de lo sugerente, donde toda la persona participa de lo que se quiere comunicar, a través del espacio y las sensaciones, recogiendo ese sentido trascendente que la cultura postmoderna necesita recuperar a toda costa.

III. PROPUESTAS DE CULTO CONTEMPORÁNEO

a. La estructura cúltica hoy

Proponemos un modelo de culto que se base en el periodo de la historia común a todos los cristianos, el cual corresponde a los primeros siglos de la cristiandad, cuando aun el cristianismo no era ni Católico Romano, ni Ortodoxo Oriental, ni Protestante Evangélico. Al principio las iglesias se congregaban alrededor de la Palabra y la Mesa y en torno a esto había una respuesta natural:[145] adoración, comunión, ofrenda. Decimos «natural» porque la cultura, el culto, las relaciones sociales en general, todo tiene que ver con unas formas de trato, cortesía y reconocimiento. Desde la hospitalidad judía[146] (que daba honor y trato preferente al invitado), hasta los encuentros más gozosos de Jesús (que casi siempre se daban en el contexto de una comida fraternal), ese sentido de ofrecer y agasajar a otros no es sino un reflejo del verdadero culto en adoración y reconocimiento pleno, el cual necesitamos tributar al Dios de la historia. Por tanto en nuestros cultos debemos respetar la estructura que recogemos de la Biblia, de la historia, y de nuestra propia respuesta natural como seres humanos frente a las relaciones y al trato social, pero dejando libertad para desarrollarla dentro de los distintos estilos acorde con la época, cultura y tradición de cada congregación.

Ahora bien, si el culto es el encuentro de Dios y su pueblo, si Dios desde el principio busca al hombre para restaurarle y éste busca a Dios para ser restaurado, estamos hablando de una relación cúltica, de una búsqueda de comu-

---

[145] Reconocemos que el contexto de la iglesia primitiva era el de pequeñas congregaciones caseras donde todo tenía un sentido más familiar, hoy en la mayoría de los casos no es así, pero la advertencia es que si perdemos el sentido familiar y hospitalario, estamos perdiendo el «espíritu» de iglesia.

[146] Recordemos el episodio en Génesis 18, cuando Abraham recibe una visita divina en forma de tres huéspedes a los que agasaja a la manera oriental, lavándoles los pies, poniéndoles a la sombra, recostándoles y ofreciéndoles un banquete del que él mismo participa, para después despedirles.

•El culto cristiano•

nión como la que se da de forma natural y espontánea en las relaciones sociales. Por ejemplo, cuando invitamos a unos amigos para cenar juntos: primero, los recibimos y saludamos en la entrada. Segundo, pasamos al salón para comunicarnos. Tercero, nos sentamos a la mesa para participar de los alimentos. Cuarto, nos despedimos de los invitados. Ese encuentro social y festivo de invitados en nuestro hogar se traspola al culto cristiano, elevándose y adquiriendo su más noble significado en el encuentro entre Dios y su pueblo. ¿De qué partes consta dicho encuentro? De las mismas: recepción, comunicación, comida, despedida.

Dentro del contexto bíblico podemos considerar que todo el Antiguo Testamento es un poco como el maître que prepara ese encuentro gozoso para la cena-reunión que tendrá lugar a partir del Nuevo Testamento, cuyas bases, como ya hemos visto, son Palabra y Mesa. En realidad estos pasos lógicos son los que propone Robert Webber para el culto cristiano, una estructura básica en 4 partes:

Esquema 6

REUNIÓN ⇨ PALABRA ⇨ ACCIÓN DE GRACIAS[147] ⇨ DESPEDIDA

Respetando esa estructura natural, centrando el culto alrededor de la Palabra compartida y de la Mesa celebrada, y dando una respuesta a esa base (reconocimiento, confesión, ofrenda, comunión y envío), proponemos la siguiente estructura cúltica:

---

147 Eucaristía.

•Hacia un modelo de culto en el contexto del siglo XXI•

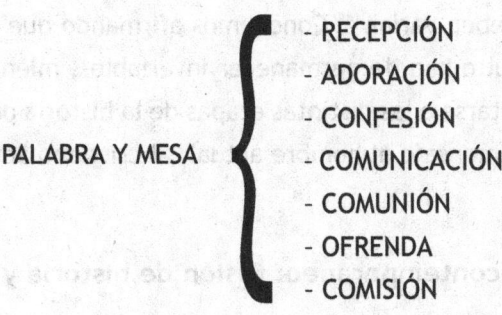

Esquema 7

PALABRA Y MESA
- RECEPCIÓN
- ADORACIÓN
- CONFESIÓN
- COMUNICACIÓN
- COMUNIÓN
- OFRENDA
- COMISIÓN

b. El estilo de culto hoy

Retomando el ejemplo de la comida y el trato dispensado a un invitado; ¿Las formas y el trato serán los mismos en todos los hogares? De ningún modo. Cada anfitrión tiene su estilo propio; en unos casos será algo ceremonioso en un ambiente de lujo, en otros será algo sencillo en un ambiente cómodo y funcional, y en otros será un punto intermedio entre ambos. La estructura no cambia, pues en todos los hogares donde se celebra una comida con invitados se sigue la pauta de recepción, comunicación, comida y despedida; pero el estilo sí sufre distintas variaciones que han de ser consideradas válidas en cada caso, pues siempre el estilo o la manera de hacer está condicionado por las costumbres, cultura o tradición de cada familia.

Creemos que el contenido y la estructura del culto han de mantener su singularidad y fidelidad a la Palabra, independientemente de las edades en las que se va desarrollando. El contenido y la estructura del culto no se replantean con el paso de la historia. ¿Podemos decir lo mismo del estilo de nuestros cultos? ¿Hemos de mantener un estilo único de adoración como con el contenido y la estructura? Desde luego que no. Ya hemos visto con el ejemplo anterior que lo importante es mantener la fidelidad a la estructura, dejando que el estilo se adecue en cada caso a la cultura y tradición de cada congregación. Es decir, tan válido es un culto en una iglesia con tradición litúrgica, donde todo está metódicamente establecido, como un culto de

•El culto cristiano•

expresión pentecostal, siempre que ambos respeten el fondo, en este caso la estructura que proponemos en el esquema anterior. Las formas son secundarias, pueden y deben variar.[148] Concluimos afirmando que el contenido y la estructura del culto han de permanecer invariables, mientras que el estilo ha de saber adaptarse a las distintas etapas de la historia para saber presentar y celebrar el mensaje al hombre actual, al cristiano actual.

c. El culto contemporáneo: fusión de historia y actualidad

Si el contenido de la adoración y la estructura del culto no cambian, y sólo lo hace el estilo, nuestro empeño ha de estar en saber cómo plantear la adoración de siempre, al hombre de hoy. La **base** del culto es la Palabra y la Mesa del Señor, el **contenido** del culto es trinitario y especialmente cristológico, la **estructura** se basa en el modelo en 4 partes, y el **estilo** ha de acomodarse a las formas comunicativas de la postmodernidad, es decir, al lenguaje simbólico, pues como afirma McLuhan, «el medio es el mensaje»,[149] y realmente el concepto de comunicar hoy, pasa por una participación de la Palabra dentro de un espacio, y de un ambiente.

Por tanto la comunicación cúltica comienza desde el mismo momento en que traspasamos el umbral de acceso al templo. Al entrar, el creyente necesita sentirse sumergido dentro de un espacio que evidencie y exprese la fe cristiana, que marque una diferencia con el mundo. Los locales de culto funcionales o multiusos que lo mismo sirven para el culto que para un partido de fútbol sala o baloncesto, sólo tienen razón de ser si se sabe «revestir» adecuadamente el espacio para cada celebración cúltica. En esta línea abogamos por templos que cumplan la exclusiva función de tales, con cierta

---

[148] El Reino de Tonga es un pequeño estado insular de Oceanía con amplia mayoría de población protestante. Los nativos han contextualizado el culto y tienen por tanto su propio estilo legítimo. La Santa Cena es celebrada con cocos, pues como ellos dicen con toda la razón, el coco es la única fruta que tiene por separado la carne y el agua, prestándose muy apropiadamente para simbolizar el cuerpo y la sangre de Cristo.
[149] Citado por Sebastian Rodríguez, *Antología de la Liturgia Cristiana*, op. cit., p. 31.

•Hacia un modelo de culto en el contexto del siglo XXI•

simbología y un adecuado mobiliario y arquitectura, que transmitan un ambiente de reverencia y sentido de lugar santo.

> «El papel del simbolismo en el mundo postmoderno no es el de recrear el simbolismo ceremonial de la era medieval, sino el de entender y aplicar el simbolismo de ambiente, como por ejemplo el sentido de asombro y reverencia, el de recuperar la belleza del espacio y de las acciones simbólicas del culto, y el de restaurar los sonidos de la música y la belleza de las artes. Pues en estos modos simbólicos, la presencia y la verdad de Dios nos son comunicados.»[150]

El culto contemporáneo combina dentro del concepto ilustrado, lo más tradicional del *culto pedagógico*: la liturgia histórica (oraciones leídas por la comunidad, credos, lecturas antifonales...), junto con lo más característico del *culto introspectivo* (llamamientos al altar, minstración a las necesidades, sanidad...); y dentro del concepto postmoderno, lo que podemos denominar como «liturgia contemporánea», donde la congregación participa mediante el concepto actual de comunicar bajo un lenguaje simbólico: representaciones de la Palabra o de enseñanzas cristianas mediante mimo, piezas musicales, teatrales, danza..., junto con la recuperación espacial y simbólica de elementos que nos «hablen» del culto (arquitectura, mobiliario, simbología cristiana).

Esquema 8

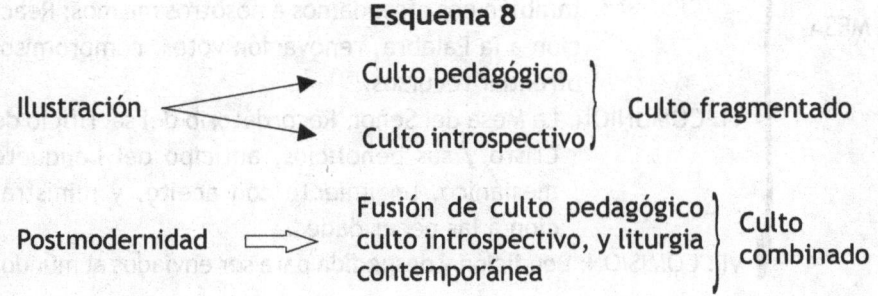

---

[150] Webber, Robert, *Ancient-Future Faith: Rethinking Evangelicalism for a Postmodern World*, op. cit.(traducido del inglés en su sección I, capítulos 1 al 3, y sección IV, capítulos 11 al 13, por David Gallaugher), p. 31.

•El culto cristiano•

Esa fusión de la que resulta el culto combinado, respeta, el contenido y la estructura de siempre, junto con el estilo comunicativo de hoy.

Esquema 9

Culto combinado $\begin{cases} \text{Contenido: trinitario y especialmente cristológico} \\ \text{Estructura: modelo básico en 4 partes} \\ \text{Estilo: lenguaje simbólco} \end{cases}$

Finalmente y como conclusión práctica a todo lo dicho, retomamos la estructura propuesta en el esquema 7, y la completamos bajo el estilo actual de adoración combinada:

Esquema 10

I. RECEPCIÓN: Bienvenida, invocación, lectura devocional.

II. ADORACIÓN: Cantos, acciones de gracias, reconocimiento de la soberanía Divina, lecturas, antífonas, danza.

III. CONFESIÓN: Confesión y anuncio de perdón. Credos.

PALABRA Y MESA

IV. COMUNICACIÓN: Predicación de la Palabra para exhortar, animar y comprometer. Apoyo de ayudas visuales, mimo.

V. OFRENDA: No sólo ofrendamos de nosotros mismos sino que también nos ofrendamos a nosotros mismos: Reacción a la Palabra, renovación votos, compromiso, ofrendar recursos.[151]

VI. COMUNIÓN: La Mesa del Señor. Recordatorio del sacrificio de Cristo y sus beneficios, anticipo del banquete mesiánico, ungimiento con aceite, y ministración a las necesidades.

VII. COMISIÓN: Bendición y despedida para ser enviados al mundo.

---

[151] El culto y la liturgia (obra del pueblo) nos debe implicar en el desarrollo del mismo. No somos espectadores sino que participamos y hacemos el culto para que produzca cambios y reacciones en nuestro interior.

•Hacia un modelo de culto en el contexto del siglo XXI•

Desde luego, y como venimos diciendo, la estructura se puede rellenar con estilos muy variados. A continuación reproducimos el desarrollo de un culto contemporáneo que sigue el contenido, la estructura y el estilo de los cultos combinados:

«El culto del domingo por la mañana estaba ordenado alrededor del modelo de adoración en cuatro partes, con un uso libre del Libro de Oración Común. La liturgia vino a formar parte de la congregación, ya que los artistas en el campo de los medios visuales, del teatro, la música y la tecnología comenzaron a encontrar su ministerio en la iglesia. Las procesiones están llenas de teatro, color y movimiento cuando la congregación entra con gozo en el lugar celestial de adoración. La música de la liturgia se basa en los himnos de la iglesia primitiva, en cantos, himnos de la Reforma, la música de Isaac Watts, canciones gospel, espirituales afroamericanos, y en otros coros contemporáneos. Las Escrituras se leen unas veces con acompañamiento musical, otras con pantomima, pero siempre con claridad y convicción. Los sermones se basan en las lecturas bíblicas, y la predicación tiende a ser narrativa y en forma de historia. Las oraciones son recitadas por toda la congregación. El saludo de la paz es un alboroto santo; las personas se abrazan unas a otras con exclamaciones de gozo y calidez personal. La Santa Cena se celebra cada domingo..., y cuando la gente acude a recibir el pan y el vino, la comunidad rompe a cantar recordando la crucifixión y celebrando la resurrección. A lo largo del servicio eucarístico, los diáconos designados ungen a los adoradores con aceite y ofrecen oraciones de sanidad en su favor. Y finalmente, las despedidas son gozosas experiencias de ser enviados al mundo como la luz de Dios.»[152]

---

152 Webber, Robert, *Planning Blended Worship*, op. cit. (Traducido del inglés por María Carmona Alonso de las páginas 13-34), p. 17.

CONCLUSIÓN

Los primitivos cultos de la iglesia naciente en Hechos tenían la sencillez y la alegría como bases que caracterizaron los primeros pasos de la iglesia cristiana. A lo largo de los siglos el peso de la historia fue dejando lastres que convirtieron la sencillez en fastuosidad y la alegría en indiferencia. La iglesia y el culto cristiano diluyeron su singularidad mezclándose con las corrientes del mundo, dejando así los creyentes de ser técnicamente «santos» [*apartados para Dios*] y olvidando la iglesia su propio significado [*llamados fuera de*]. El culto, con honrosas excepciones, fue perdiendo autenticidad y la primitiva iglesia pujante y misionera acabó siendo conquistada por siglos de tradición y ritualismo.

Sin embargo no todo ha sido decadente en la historia del culto cristiano. Sin duda ha habido también evolución y reforma, sobre todo a partir del siglo XVI bajo Martín Lutero y muchos otros,[153] donde de nuevo un amplio sector de la iglesia volvió a beber en las fuentes del cristianismo y a recuperar un culto en «espíritu y en verdad». El conocimiento de la historia y la constatación tanto de sus logros como de sus faltas debe llevarnos a no cometer los mismos errores de los que nos precedieron y también a conservar sus aciertos.

También es justo reseñar que ni en la evolución de la Iglesia Católica todo fue negativo, ni durante la Reforma Protestante fue todo positivo, pues a veces tendemos a idealizar o anatemizar a tenor de nuestra particular visión. Muchos cristianos evangélicos tenemos que redescubrir la historia y aprender a leerla desde la objetividad y no desde el prejuicio.

El culto cristiano, como ya hemos repetido varias veces, nunca debe ser considerado como un ritual fijo e invariable destinado a ofrecer el mismo molde litúrgico a lo largo de los siglos, ¡no tropecemos dos veces en la misma piedra! El culto cristiano es algo vivo y dinámico, y como todo lo que está

---

[153] En realidad y hasta llegar a la Reforma Protestante, hubieron otras voces que a lo largo de la historia promovieron una reforma de la Iglesia, y que son conocidos como *prerreformadores*: los cátaros, los valdenses, Juan Wyclif, Juan Hus, y Jerónimo de Savonarola, entre otros.

•El culto cristiano•

vivo, necesita renovarse y evolucionar. Para que el culto evolucione, debe hacerlo en base al legado bíblico, histórico y actual. De la enseñanza bíblica recogemos el contenido del culto (su unicidad, su carácter trinitario, su énfasis cristológico). De la estructura bíblica e histórica nos quedamos con el modelo básico en cuatro partes (reunión, Palabra, Eucaristía, despedida). Finalmente, del estilo postmoderno de comunicación recogemos la liturgia contemporánea (que fusiona el culto pedagógico con su énfasis en la razón y en la ortodoxia doctrinal), y el culto introspectivo (con su énfasis en el corazón, y en la renovación espiritual), para acabar formando el *modelo actual de culto combinado*.

La puesta en práctica de este modelo de culto para el siglo XXI exigirá cierta dosis de valentía y un claro afán por superar prejuicios, tanto de la historia, como ya hemos visto, como de nuestras distintas confesiones protestantes, entre las que sigue existiendo cierta sospecha, estrechez y denominacionalismo. Los tiempos actuales exigen una renovación audaz de nuestros cultos. La falta de identidad, autoridad y valores ético-familiares de hoy exigen un culto asentado sobre la historia, con verdades doctrinales claras y con un sentido de cuerpo y familia espiritual. La sociedad postmoderna agoniza por falta de verdades eternas y elevadas, lo que nos debe hacer replantear una equilibrada resacralización de nuestros cultos y templos, dotándoles de ese ambiente «distinto» que hable de la santidad y trascendencia de Dios.

Como ya hemos mencionado al comienzo de este trabajo, el culto es la primera actividad humana mencionada en la Biblia, y también la última y eterna actividad que haremos al final de los tiempos cuando Cristo vuelva a por su Iglesia. Mientras nos encontremos en medio de esos tiempos, Dios nos da libertad para celebrar el culto cristiano dentro de amplios márgenes de acción. Es decir, no existe una forma universal de rendir culto a Dios, y ahí radica su riqueza; sólo existen principios bíblicos a seguir. Cada pueblo o nación tiene la libertad de ofrecer culto a Dios desde su propia idiosincrasia y cultura, siempre que se haga en espíritu y verdad (Jn. 4:24), con alegría y sencillez de corazón (Hch. 2:46) y decentemente y en orden (1 Co. 14:39).

•Conclusión•

¡Seamos valientes, rompamos esquemas si es necesario! Nuestro deseo final es que el lema de la Reforma se haga extensivo a todas las áreas de la vida eclesial y en especial al culto cristiano: «*Ecclesia semper reformanda*». ¡Que así sea!

Anexo I

BREVE MANUAL LITÚRGICO PARA SERVICIOS RELIGIOSOS

BREVE MANUAL LITÚRGICO PARA SERVICIOS RELIGIOSOS

Aparte del culto dominical existe en la vida religiosa de la cristiandad un variado abanico de formas litúrgicas para dar expresión pública y solemnizar distintos momentos de la vida. Así, desde el nacimiento[154] (con la presentación del niño en la iglesia en un culto especial), pasando por la juventud (con el culto de bautismo que evidencia su conversión a Cristo), continuando con el matrimonio, (solemnizado en ceremonia religiosa), y finalizando con la muerte (en el culto fúnebre); los momentos cruciales de la vida de un cristiano son ricamente expresados por medio de cultos especiales. Si además esa persona es llamada por Dios a cualquier área ministerial, añadimos los cultos de ordenación al ministerio pastoral, diaconal, misional, presbiterial,[155] superintendencia u obispado, o la instalación local o nacional de algunos de ellos.

Por otro lado, están los cultos especiales que conmemoran alguno de los hechos salvíficos del año litúrgico, como son los cultos de Navidad y Semana Santa con los Domingos de Ramos, Resurrección y Ascensión de nuestro Señor. También mencionar los cultos de dedicación de templos, de acción de gracias por alguna bendición específica recibida como iglesia, cultos de recepción de nuevos miembros y de renovación de votos matrimoniales con las bodas de plata y oro.

Este breve manual sólo pretende ser una guía que ofrezca modelos litúrgicos para los diferentes servicios religiosos. El pastor o liturgo debe beneficiarse de lo que crea más conveniente y saber adaptar la liturgia a su contexto y convicción. Comenzamos por un orden de culto sugerido para el servicio dominical habitual, aunque entendemos que el desarrollo de un culto dominical es muy variado y rico entre las diferentes confesiones religiosas, y debe

---

[154] Tomamos ahora el ejemplo de un niño que nace en un hogar cristiano y sigue el proceso esperado de conversión, bautismo, matrimonio... etc.
[155] Nos referimos al ministerio de anciano, del griego *presbuteros* (ρεσβυτερoσ).

•El culto cristiano•

atenerse en todo momento a la idiosincrasia particular de cada congregación y a su línea denominacional y teológica. El resto de los modelos de liturgia son para las ocasiones más especificas de cultos especiales donde no hay tanta variación, pues su contenido es más general y a-denominacional.[156]

ÍNDICE

- CULTO DOMINICAL

- CULTO DE SANTA CENA

- CEREMONIA DE BODA

- CULTO DE BAUTISMO

- CEREMONIA DE PRESENTACIÓN Y DEDICACIÓN DE NIÑOS

- CULTO FÚNEBRE

- CEREMONIA DE ORDENACIÓN PASTORAL

---

156 Sobre modelos de culto y material litúrgico práctico, se recomienda el libro del pastor Sebastián Rodríguez, *Antología de la liturgia cristiana*, op. cit.

•Anexo I: Breve manual litúrgico para servicios religiosos•
CULTO DOMINICAL

Es conveniente que antes de comenzar el culto el pastor pase un tiempo en oración, preparándose para ser canal de la bendición de Dios para la iglesia y orando por el buen desarrollo del culto y por la asistencia de los hermanos. Es aconsejable que el culto no sea monopolizado por el pastor y se pueda dar lugar a la participación de los hermanos mediante lecturas, oraciones, recogiendo la ofrenda, etc.

ORDEN DE CULTO

Interludio musical: Es un tiempo de recogimiento donde los congregantes se preparan en silencio para el inminente culto. Venimos del mundo y entramos en la presencia de Dios. Es apropiado (al órgano o reproducido) una melodía suave y que invite a la meditación.

Introducción y bienvenida: Buenos días (o tardes) bienvenidos a la casa del Señor, bienvenidos a esta celebración. Queremos comenzar nuestro culto a Dios implorando su presencia, pidiéndole que Él bendiga este tiempo juntos y dándole gracias por lo que Él va a hacer (la congregación se pone de pie y el presidente ora).

Lectura devocional: El pastor (o quien presida) invita a la congregación a buscar una porción bíblica para leerla. Esto tiene el objeto de proclamar la Palabra de Dios y sus bondades y puede hacerse de manera antifonal, dando lugar a la participación de los fieles. La lectura de algún Salmo es aquí muy apropiada.

Tiempo de alabanza: Es el momento en el que el director de alabanza dirige a la congregación en los cantos. Los fieles pueden orar entre las alabanzas siempre que éstas sean cortas y destinadas a reconocer la soberanía de Dios y agradecerle sus muchas bendiciones. Las oraciones personales, de petición o intercesión deben reservarse para cultos específicos. Este tiempo tiene el propósito de preparar las almas para la adoración, gozarse como

•El culto cristiano•

cuerpo en la presencia de Dios y preparar los corazones para la Palabra que será predicada.

Lectura alusiva a la predicación: Es conveniente que aquí se dé pública lectura a algún texto que sitúe y prepare a la congregación sobre la predicación que será dada.

Ofrenda: Procede la lectura de 2 Corintios 9:7, 8. La ofrenda será recogida por varios hermanos y a uno de ellos se le pedirá antes que ore al Señor por ella y por su buena administración.

Himno: El canto de algún himno acompañado al órgano solemniza el culto y da a la congregación sentido de unidad al proclamar al unísono tantas verdades bíblicas de esperanza y gozo como contienen los abundantes himnos históricos con que contamos.

Predicación de la Palabra: La Palabra debe ser predicada cuando ha sido previamente preparada y meditada, debe contener una introducción, unos puntos principales y una aplicación adaptada a la iglesia. El predicador debe tener la valentía de sujetarse al Espíritu y no a la letra pudiendo cambiar el mensaje o introducir nuevos elementos si así lo entiende de parte del Señor. Un tiempo razonable puede variar entre 20 y 45 minutos.

Interludio musical: Varios minutos de silencio litúrgico con una melodía agradable de fondo, permiten reflexionar sobre la Palabra y asimilarla personalmente.

Este puede ser un buen momento para la **celebración de la Santa Cena** en base a la periodicidad con la que cada congregación la celebre (para su desarrollo, ver «culto de Santa Cena»).

Anuncios públicos: Este tiempo sirve para anunciar las distintas actividades regulares de la iglesia, eventos especiales, cumpleaños o actividades unidas con otras congregaciones.

Himno: Se cantará un himno de ánimo que tenga que ver con la Palabra recibida.

•Anexo I: Breve manual litúrgico para servicios religiosos•

Oración: Se puede pedir a algún hermano que despida el culto dando gracias a Dios por el mismo y por la bendición recibida.

Bendición final: Son propias las lecturas de muchas doxologías de las cartas pastorales. Tiene el sentido de despedir a los fieles bajo la bendición divina y enviarlos de vuelta al mundo en el que han de seguir dando testimonio de su fe. (Ef. 6:23; Fil. 4:23, 1 P. 5:14; Jud. 24).

•El culto cristiano•
CULTO DE SANTA CENA

A pesar de que la Santa Cena es uno de los elementos básicos del culto, no es celebrada todos los domingos en muchas de nuestras denominaciones cristianas o congregaciones locales, quedando sujeta su celebración al criterio de cada iglesia. Un culto de Santa Cena, puede oficiarse de esta manera:

La mesa ha de estar preparada de antemano, preferentemente ocupando un lugar central en el altar o al pie del mismo, es conveniente que esté cubierta por un mantel blanco, rojo o ambos. Sobre la mesa estarán colocados los elementos del pan y el vino. Es aconsejable que el pan esté dispuesto de dos maneras, por un lado un panecillo completo que nos permita partirlo momentos antes de la eucarístia y de ser administrado (siguiendo así el ejemplo bíblico de 1 Co. 11:24), y por otro las propias fracciones que serán repartidas a los comulgantes. El vino puede servirse asimismo de dos maneras distintas; en la copa o cáliz en el momento de la acción de gracias, y al ser compartido se puede alternar con los vasitos personales más prácticos e higiénicos pero menos llenos de simbolismo comunitario.

El pastor, anciano, o hermano autorizado para presidir la Cena del Señor puede proceder a la lectura de 1 Corintios 11:23-26, y si lo considera oportuno extender la lectura a los versos 27 al 29, donde la Palabra exhorta a participar con limpia conciencia. Es aconsejable una oración de gracias. Después se puede invitar a los comulgantes a que pasen frente al altar para recibir allí los elementos, o bien que se haga pasar estos por las bancas. Antes de repartirlos, quien preside puede pronunciar las siguientes palabras:

Para el pan:

Opción a. Hermanos, este pan que vais a comer representa el cuerpo de nuestro Señor Jesucristo que por cada uno de vosotros fue entregado. Comed de él y sed agradecidos.

Opción b. «Porque yo recibí del Señor lo que también os he enseñado: Que el Señor Jesús la noche que fue entregado, tomó pan, y habiendo dado gra-

•Anexo I: Breve manual litúrgico para servicios religiosos•

cias lo partió y dijo: Tomad, comed, esto es mi cuerpo que por vosotros es partido, haced esto en memoria de mí» (1 Co. 11:23, 24). Todos comen.

Para el vino:

Opción a. Hermanos, esta copa que vais a beber representa la preciosa sangre de nuestro Señor Jesucristo que fue derramada por cada uno de vosotros. Bebed de ella con acción de gracias.

Opción b. «Asimismo tomó también la copa después de haber cenado, diciendo: Esta copa es el nuevo pacto en mi sangre, haced esto todas las veces que la bebiereis en memoria de mí» (1 Co. 11:25). Todos beben.

El oficiante concluye leyendo 1 Corintios 11:26 «Así pues todas las veces que comiereis este pan, y bebiereis esta copa, la muerte del Señor anunciáis hasta que Él venga».

Se puede cantar un himno de invitación al comenzar o de gratitud al finalizar. Otro texto bíblico apropiado es Mateo 26:26-29.

•El culto cristiano•

CEREMONIA DE BODA

Entrada de los novios con la congregación de pie y sonando la marcha nupcial.

Bienvenida: Buenas tardes, (*o días*) la Iglesia Evangélica (*nombre de la comunidad*) les da la bienvenida a esta solemnización del acto matrimonial. Vamos a acompañar a (*nombre contrayentes*) para que delante de Dios y de los hombres declaren su pacto matrimonial.

Oración y lectura bíblica: Génesis 2:21-24, Efesios 5:21-25 y 28.

Himno o canto congregacional

Predicación

Interludio musical

Promesas y anillos: (*nombre contrayentes*), Dios mismo estableció esta unión permanente como base para la sociedad y lo hizo con unas palabras que no dejan lugar a la duda: «dejará el hombre a su padre y a su madre, se unirá a su mujer y serán una sola carne». Este momento que estáis viviendo es un momento de gozo y felicidad, cuando dos corazones se unen, cuando dos voluntades asumen el compromiso de vivir una vida juntos. Vais a consumar el pacto matrimonial, el paso es solemne, vais a tomaros el uno al otro para bien y para mal, en gozo y en tristeza, en salud y en enfermedad, en todo lo que la vida os dé u os quite os comprometéis a ser fieles cónyuges hasta que la muerte os separe.

(*Nombre novio*): ¿Prometes tener siempre presente el pacto matrimonial ya confirmado ante las leyes y solemnizado hoy mediante esta ceremonia, aceptas a esta mujer como tu legítima esposa en el santo estado del matrimonio, la amarás, la cuidarás, la honrarás, guardándote siempre para ella? El novio contesta: «Sí prometo».

(*Nombre novia*): ¿Prometes tener siempre presente el pacto matrimonial ya confirmado ante las leyes y solemnizado hoy mediante esta ceremonia,

•Anexo I: Breve manual litúrgico para servicios religiosos•

aceptas a este hombre como tu legítimo esposo en el santo estado del matrimonio, lo amarás, lo cuidarás, lo honrarás, guardándote siempre para él? La novia contesta: "Sí prometo"

Entrega de los anillos. El anillo sella, recuerda y confirma el pacto matrimonial. El círculo es símbolo del amor eterno que no tiene fin, el oro simboliza lo noble y auténtico del matrimonio. El amor verdadero nunca deja de ser.

(*Nombre novio*), ahora tú pondrás este anillo en la mano de *(nombre novia)* como símbolo y sello de las promesas que le has dicho.

(Nombre novia). Repetido para él.

Ministro: *En base a vuestras promesas y compromiso delante de Dios y de su iglesia, yo os declaro marido y mujer. Lo que Dios juntó no lo separe el hombre.*

Himno especial.

Ceremonia de las velas: En una mesa frente al altar se coloca en el centro una vela grande y dos pequeñas encendidas a ambos lados de esta. Los novios (ya matrimonio) cogerán cada uno una vela (que simboliza su individualidad y soltería) y juntos encenderán la vela central símbolo del matrimonio, dos vidas que se unen en una.

Bendición paterna y pastoral: Los novios se arrodillan y pasan adelante el padre del novio y el de la novia que orarán así, con imposición de manos: *(nombre del novio) hijo mío, yo como cabeza de tu familia hasta ahora, consiento y doy mi bendición a tu unión matrimonial. Que Dios te ayude como cabeza de tu nuevo hogar. Declaro mi bendición sobre tu vida y matrimonio. En el nombre de Jesús. Amén.*

Himno y salida del nuevo matrimonio.

Bendición final. (música)

•El culto cristiano•
CULTO DE BAUTISMO

El bautismo[157] es una de las ceremonias que, junto con la Cena del Señor constituyen los dos sacramentos que Jesús nos dejó establecidos en su Palabra. Los candidatos son aquellos hermanos que han aceptado al Señor en sus vidas y pasado por un tiempo de discipulado, siendo el bautismo en muchas denominaciones condición indispensable para la membresía en la iglesia local.

Se puede hacer la ceremonia en un río, en la playa o en el propio templo de la iglesia, si éste posee bautisterio. Si se tiene un culto específico para bautismos debemos darle un enfoque evangelístico, pues es un testimonio de fe muy simbólico e impactante.

ORDEN DE CULTO

Ministro: Bienvenidos a este culto de bautismos, hoy es un día de alegría pues (número de bautizados) hermanos que han creído en el Señor Jesucristo van a dar público testimonio de su fe bajando a las aguas y cumpliendo así el mandato bíblico.

Oración de invocación.

Cántico congregacional o himno.

Testimonios breves de los candidatos (3 máximo)

Cántico congregacional o himno.

---

[157] Admitimos el paidobautismo (bautismo de infantes), como la inclusión del infante en los beneficios del pueblo de Dios, bautizándole sus padres en la fe que ellos profesan y en fe de que cuando sea adulto, confirme dicho bautismo, comprometiéndose así, sus padres y la congregación a educarlo en los caminos del Señor. Es la práctica habitual de varias confesiones religiosas históricas que suscriben la teología del pacto, que sustituye la celebración de la Pascua y el rito de la circuncisión, propios del AT, por la Santa Cena y el bautismo cristiano. En realidad, y a efectos prácticos, la única diferencia entre una presentación y un bautismo de niños es el agua. Por lo demás, ambos actos tienen el mismo propósito.

•Anexo I: Breve manual litúrgico para servicios religiosos•

Predicación. (pasajes pertinentes Mt. 3:1-17; Mr. 1:1-11; 16:14-16; Hch. 2:38-42; Ro. 6:3-4; Col. 2:12)

Acto de bautismos: El ministro se sitúa al lado del candidato, poniendo su mano sobre las de éste quien las tendrá apretadas sobre el pecho, mientras que coloca la otra en la espalda, (a la altura del cuello) para facilitar el acto de la inmersión. Le dirá las siguientes palabras (puede utilizar cualquiera de las tres fórmulas):

1. Ministro: ¿Crees que Jesucristo es el Hijo de Dios? *Candidato*: «Sí lo creo».

¿Crees que su sacrificio es suficiente para tu salvación? *Candidato*: «Sí lo creo».

Ministro: «En base a tu profesión de fe y cumpliendo la Palabra de Dios, yo te bautizo en el nombre del Padre, del Hijo y del Espíritu Santo».

2. Ministro: Hermano (nombre candidato) por cuanto has creído en el Señor Jesucristo y le has aceptado como tu Salvador personal, yo te bautizo en el nombre del Padre, del Hijo y del Espíritu Santo.

3. Ministro: Hermano (nombre candidato) ¿Confiesas a Jesucristo como tu Salvador personal y te comprometes a servirle en el seno de la iglesia? Candidato: «Sí, lo confieso y me comprometo».

Ministro: En base a tu profesión de fe y conforme a la Gran Comisión, te bautizo en el nombre del Padre, del Hijo, y del Espíritu Santo.

Cuando el bautizado sale del agua, los congregantes cantan himnos o cánticos de alabanza.

Finaliza el culto con una oración con imposición de manos del pastor o ancianos a favor de los bautizados.

Dado que es un tipo de culto testimonial donde se espera la presencia de inconversos, es bueno ofrecer un refrigerio que permita seguir dando testimonio e iniciar charlas de manera informal y distendida.

•El culto cristiano•

CEREMONIA DE PRESENTACIÓN O DEDICACIÓN DE NIÑOS

Este culto tiene el propósito de que los padres presenten a su hijo delante del Señor y de su iglesia, para reconocer que todo lo que tenemos le pertenece a Él, dedicarle al hijo que Dios les confía y pedir la bendición de Dios sobre su vida, asumiendo asimismo los padres y la iglesia la responsabilidad de educarlo en los valores cristianos. Es un acto público de dedicación, acción de gracias y petición de bendición divina. Su referente bíblico más sobresaliente es la propia presentación en el Templo del Señor Jesús (Lc. 2:22).

ORDEN DE CULTO

Comienza el culto con un himno o cántico de alabanza mientras los padres entran en la iglesia con el niño y se sitúan frente al altar. **El ministro abre el culto con una oración** de acción de gracias y petición de bendición para el acto de dedicación.

Ministro: Nos congrega hoy el hermoso acto de presentación del niño-a (nombre) para dedicarlo a Dios. Los padres cumplen de esta manera una tradición histórica que se remonta a épocas muy antiguas, así leemos en el Antiguo Testamento en 1 Samuel 1:26-28: (textos opcionales: Lc. 2:21-23; Mt. 19:13-15; Mr. 10:13-16).

«Y ella dijo: ¡Oh Señor mío! Vive tu alma Señor mío, yo soy aquella mujer que estuvo aquí junto a ti orando a Jehová. Por este niño oraba y Jehová me dio lo que le pedí. Yo pues, lo dedico también a Jehová, todos los días que viva será de Jehová. Y adoró allí a Jehová».

Así también leemos en el Nuevo Testamento en Marcos 10:13-16:

«Y le presentaban niños para que los tocase; y los discípulos reprendían a los que los presentaban. Viéndolo Jesús se indignó y les dijo: Dejad a los niños venir a mi y no se lo impidáis; porque de los tales es el reino de Dios. De cierto os digo, que el que no reciba el reino de Dios como un niño, no

Anexo I: Breve manual litúrgico para servicios religiosos

entrará en él. Y tomándolos en brazos y poniendo las manos sobre ellos los bendecía».

Ministro: (*dirigiéndose a la congregación*) Hermanos, Dios mismo instituyó el matrimonio como el santo estado donde hombre y mujer busquen su realización como seres humanos y creación suya. El mandato bíblico de «fructificad y multiplicáos» se cumple cuando traemos hijos a este mundo. Ellos son la herencia de Jehová, que nos es confiada como preciado tesoro. Esta congregación quiere hoy festejar el milagro y el misterio de la vida en la persona de (*nombre niño*), presentándolo ante Dios y comprometiéndose junto con sus padres a educarlo y guiarlo en los caminos del Señor.

El ministro pedirá a los padres que se pongan en pie junto con el niño y se acerquen al altar para confirmar el pacto familiar.

Ministro: (*nombre del padre*) y (*nombre de la madre*), estáis hoy aquí delante de Dios y de su iglesia para dedicarle a Él el fruto de vuestra unión matrimonial. Dios os ha concedido el privilegio de procrear un niño y de participar en el milagro de la vida, pero también os ha dejado la responsabilidad de ser unos padres ejemplares y de educarlo conforme a los caminos del Señor. Preparaos para confirmar vuestro conpromiso:

Ministro: ¿Reconocéis que este hijo es de Dios y a vosotros os ha sido confiada la responsabilidad de su cuidado y protección?

Padres: Sí, lo reconocemos.

Ministro: ¿Prometéis cuidar a vuestro hijo en el temor de Dios y educarlo en sus caminos?

Padres: Sí, lo prometemos.

Ministro: ¿Prometéis ser de ejemplo para vuestro hijo y proveer para su cuidado y salud?

Padres: Sí, lo prometemos.

•El culto cristiano•

Ministro: En base a vuestras promesas, yo ,como pastor de esta iglesia, y en presencia de la misma, voy a presentar este niño a Dios.

El ministro cogerá al niño en brazos y alzándolo ligeramente orará: «*(nombre del niño)* te dedicamos al Señor y en fe consagramos tu vida a Él, en el nombre del Padre, del Hijo y del Espíritu Santo. Amén».

Seguidamente devolverá el niño a sus padres y con imposición de manos sobre ellos (pueden acompañar la oración los ancianos) orará así: «Amado Padre celestial, tú eres el Autor de la vida y a ti te consagramos la de esta criatura, así como la de sus padres. Oramos para que este niño crezca en sabiduría, en estatura y en gracia para con Dios y para con los hombres. Te pedimos por sus padres, dales también a ellos sabiduría de lo alto para educarlo en tus caminos, dales paciencia y mucho amor para su hijo. Que tu presencia acompañe a esta familia y tu luz los guíe siempre. En el nombre de Jesús. Amén». *(puede orar algún anciano)*

Se cantará un himno congregacional y el ministro pronunciará una bendición final. Los padres pueden invitar a los asistentes a un refrigerio.

•Anexo I: Breve manual litúrgico para servicios religiosos•

CULTO FUNEBRE

Los cultos fúnebres proveen una excelente oportunidad para hablar de la vida eterna y de la esperanza cristiana, son ocasiones únicas donde se puede predicar a Cristo en un contexto solemne que convoca a muchas personas a las que de otra manera no tendríamos oportunidad de llegar. Desde luego hemos de tener en cuenta que no estamos en una campaña evangelística sino en un funeral, por tanto ha de respetarse la memoria del fallecido y la sensibilidad de la familia. El dolor estará presente pero también lo ha de estar la esperanza y la victoria sobre la muerte que tenemos en Cristo. El mensaje predicado ha de ser breve y atenerse a dos objetivos principales: consolar a los familiares y afligidos y llevar a todos los asistentes a reflexionar sobre la fragilidad de la vida, el encuentro con Dios y la esperanza cristiana. Un culto fúnebre puede desarrollarse de esta manera:

ORDEN DE CULTO

Bienvenida: En nombre de la familia del difunto les damos la bienvenida a este servicio fúnebre. Estamos aquí para honrar la memoria y dar nuestro último adiós a (nombre fallecido). Nos congrega el dolor lógico por la pérdida de un ser querido, pero también la esperanza y la seguridad de una vida plena más allá de la terrenal. Hoy es un día triste pues no tendremos con nosotros ya nunca más en este mundo a (nombre fallecido), pero también es un día de gozo pues su alma ya disfruta de la vida eterna libre de dolor y penas. En el evangelio según San Juan capítulo 11 y verso 25 Jesús dice: «Yo soy la resurrección y la vida, el que cree en mi, aunque haya muerto, vivirá». Para los cristianos, la vida es una preparación para la muerte y la muerte, es nacer a la verdadera vida. Pongámonos en pie y demos gracias a Dios por la esperanza cristiana.

Oración: Señor, Dios y Padre nuestro, hoy nos convoca la muerte de tu hijo/a (nombre fallecido), y pese al dolor humano por su pérdida, nuestro corazón te alaba pues él (ella) ya goza de la vida eterna. Te damos gracias

•El culto cristiano•

por su testimonio entre nosotros, Señor, te damos gracias por tu sacrificio a nuestro favor, te damos gracias por el regalo de la vida eterna, te pedimos que traigas paz y consuelo a lo corazones de la familia, hermanos y amigos de (nombre fallecido). Ayúdanos a nosotros que aun quedamos en este mundo a vivir con esa esperanza y seguridad de que un día también te veremos cara a cara para vivir eternamente a tu lado. Oramos en el nombre de Jesús.

Himno congregacional: Se debe escoger un himno o cántico que hable de la esperanza cristiana, del sacrificio de Jesús a nuestro favor, o del amor eterno de Dios para con nosotros. Se puede introducir el himno con el texto de Job 19:25-26: «Yo sé que mi Redentor vive, y al fin se levantará sobre el polvo; y después de desecha esta mi piel, en mi carne he de ver a Dios.»

Lectura: El Salmo 23 es muy apropiado. Otros textos: Salmos 91:1-9; 2 Cor. 5:1-8; 1 Tesalonicenses 4:13-18; Apocalipsis 21:3-7, 22:4-5.

Homenaje póstumo: Si procede, algún familiar o amigo puede dar un breve testimonio de homenaje al fallecido.

Música especial: Cantará algún solista o grupo.

Predicación: Como ya hemos dicho debe ser breve y sencilla, destinada a consolar y reflexionar sobre la esperanza cristiana y la vida eterna.

Himno congregacional

Bendición final: Se puede leer Judas 24-25 «Y a Aquel que es poderoso para guardaros sin caída, y presentaros sin mancha delante de su gloria con gran alegría, al único y sabio Dios, nuestro Salvador, sea gloria y majestad, imperio y potencia, ahora y por todos los siglos. Amén.»

En el cementerio

Al pie del nicho y con el féretro listo para ser introducido, el pastor orará así: Por cuanto a nuestro Soberano Dios le plació en su perfecta voluntad, el llamar a su presencia a nuestro hermano/a (nombre fallecido), nosotros con

•Anexo I: Breve manual litúrgico para servicios religiosos•

dolor y resignación aceptamos su santa voluntad. Por tanto ahora encomendamos su cuerpo a la tierra, polvo al polvo y ceniza a la ceniza, hasta aquel día glorioso cuando todos los muertos en Cristo resucitarán, de los cuales (nombre fallecido) es uno de ellos. Amén.

Mientras se introduce el féretro en el nicho se puede hacer una lectura bíblica de las arriba mencionadas y concluir con una bendición final.

•El culto cristiano•

CEREMONIA DE ORDENACIÓN PASTORAL

La ceremonia de ordenación pastoral es un acto solemne donde se reconoce la preparación y el llamado del que ha sido consagrado por Dios para el ministerio pastoral. Normalmente se exige que el candidato posea una preparación teológica adecuada y haya demostrado su llamado y capacidad en un tiempo de prácticas como pastor o copastor. Por lo general suele ser la iglesia local donde sirve el candidato la que solicita la ordenación del mismo, respaldando así su ministerio y reconociéndolo como de parte de Dios.

Una vez que las autoridades nacionales (presidente, superintendente u obispo[158]) aprueban la ordenación, se fijará una fecha, siendo el propio presidente u obispo nacional la persona más adecuada, junto con otros líderes locales, para ordenar al candidato al ministerio pastoral. Es conveniente que al acto se inviten a los pastores locales de otras iglesias y se extienda invitación a todos los pastores de la denominación. Como se da por hecho que será un culto concurrido y con asistencia de hermanos desplazados de otros lugares, es de consideración invitar a los presentes a un ágape al finalizar el culto.

ORDEN DE CULTO

En el altar se sentarán los líderes nacionales y los pastores locales de la denominación. El candidato a pastor se sentará en las bancas o en el asiento más cercano al altar, donde también estarán los ancianos que conforman el presbiterio local. Una pieza musical al órgano prepara el ambiente dando un aire de solemnidad a la ceremonia. Ésta puede iniciarse por parte de los presbíteros o ancianos locales, de la siguiente manera:

Anciano: La Iglesia Evangélica (*nombre*) les da la bienvenida a este culto de ordenación al ministerio pastoral del hermano (*nombre candidato*). En

---

158 En realidad en los tres casos hablamos de la misma persona.

• Anexo I: Breve manual litúrgico para servicios religiosos •

representación del presbiterio de la iglesia y por tanto en nombre de la misma, queremos reconocer el ministerio pastoral dado por Dios a esta congregación en la persona del hermano (*nombre candidato*). A tal efecto, lo presentamos al comité de ordenación, quien a partir de este momento asumirá la presidencia de este culto.

El presidente u obispo *se levanta y pedirá a la congregación que haga lo propio para tener una oración pidiendo por la bendición de la ceremonia.*

Himno congregacional.

Presidente: La Palabra de Dios establece en Efesios 4 que Jesucristo mismo constituyó los ministerios de apóstol, profeta, evangelista, pastor y maestro, y que lo hizo para que estos capacitaran y perfeccionaran a los santos para la obra del ministerio, para que de esta manera todos seamos edificados y todos lleguemos a la unidad de la fe. La Palabra también advierte en la epístola de Santiago capítulo 3 verso 1 que a mayor cargo nos es dada también mayor responsabilidad. Por todo ello el acto de ordenación es una ceremonia solemne donde vamos a reconocer y respaldar el ministerio dado por Jesucristo a nuestro hermano (*nombre candidato*). Veamos lo que las Escrituras dicen al respecto:

Ahora cada miembro del comité de ordenación se levantará y leerá un texto dirigido al candidato.

2 Timoteo 2:15 «Procura con diligencia presentarte a Dios aprobado, como obrero que no tiene de que avergonzarse, que usa bien la Palabra de verdad».

2 Timoteo 4:1 «Te encargo solemnemente delante de Dios y del Señor Jesucristo, que va a juzgar a los vivos y a los muertos por su manifestación y su reino; que prediques la Palabra; que instes a tiempo y fuera de tiempo; redarguye, reprende, exhorta con toda paciencia y enseñanza».

Otros textos: Josué 1:1-9; 1 Samuel 3:4-10; Coosenses 1:25-29; 2 Timoteo 2:1-10.

• El culto cristiano •

Himno o canto especial

Predicación de la Palabra

Acto de ordenación. *El presidente invitará al candidato a pasar al frente del altar y le dirá:*

(*nombre candidato*), yo, como presidente de la iglesia (*nombre de la denominación*), en nombre de ella y de nuestro Señor Jesucristo, voy a imponerte las manos consagrándote y apartándote para el ministerio pastoral al que has sido llamado.

Presidente: ¿Te sometes a la Palabra de Dios considerándola como autoridad suprema en materia de fe y conducta?

Candidato: Sí, con la ayuda de Dios me someto.

Presidente: ¿Te sometes a tus autoridades superiores y aceptas la regla de fe de nuestra iglesia?

Candidato: Sí, con la ayuda de Dios me someto y acepto.

Presidente: ¿Prometes servir a Dios fielmente, cuidando tu vida personal y familiar, y servir a su iglesia con abnegación y espíritu de sacrificio, allá donde Dios disponga?

Candidato: Sí, con la ayuda de Dios prometo.

El candidato se arrodilla y el comité de ordenación se coloca frente a él, para orar con imposición de manos, declarando la bendición de Dios sobre su ministerio, reconociendo su llamado divino y encomendando a Dios su alma y ministerio pastoral. Cada miembro del comité puede orar finalizando cada oración con la fórmula: «Que Dios te ayude». Finalmente el comité abrazará al pastor ordenado en señal de compañerismo.

Himno congregacional.

Oración y bendición final por parte del pastor ordenado.

Anexo II

LOS CREDOS Y LAS CONFESIONES DE FE

LOS CREDOS Y LAS CONFESIONES DE FE

«A cualquiera, pues, que me confiese delante de los hombres, yo también le confesaré delante de mi Padre que está en los cielos» (Mt. 10:32).

Los credos y las confesiones de fe, como sus nombres indican, sirven para afirmar y confesar la fe que profesamos. Su nombre es tomado de la primera palabra de los credos Apostólico y Niceno en latín (credo = creo) Los credos nacen en los primeros tiempos de la iglesia con el propósito de formular de manera correcta los principios doctrinales de la fe cristiana frente a posibles herejías, y también como un recurso para que los fieles que no sabían leer pudiesen aprender de memoria las grandes verdades doctrinales. En la Palabra encontramos indicios de credos o confesiones de fe en 1 Corintios 15:1-4 y en 1 Timoteo 6:12. Como afirma Ralph Martin:

> «El credo tiene una conexión estrecha con la adoración en público. Se puede decir que es dogma puesto en liturgia, lo cual produce una declaración que se puede cantar o recitar.»[159]

El credo es la fe confesada por la iglesia, es el depósito de la fe que nos legaron nuestros antepasados, y cuando la iglesia declara públicamente lo que cree, esa verdad se hace más real, más parte de nosotros.

> «Es un hecho de experiencia que una vez que damos expresión a una verdad que hemos abrazado, ella cobra nuevo significado. Se vuelve más «parte de nosotros» al instante en que la articulamos en público. Por lo tanto hay en la recitación del credo una declaración abierta de lo que nosotros como individuos creemos dentro de nuestra asociación en la comunidad cristiana mundial, y también la consolidación de tal fe en nuestra experiencia. El credo responde a una profunda necesidad humana que tenemos de declararnos, de tomar partido, y de hacerlo en la compañía de

---

159 Martín, Ralph, *La Teología de la Adoración*, op. cit, p. 98.
160 Ibid, p. 100.

•El culto cristiano•

otros que comparten con nosotros esa fe y son testigos de esa consagración que expresamos verbalmente.»[160]

A continuación ofrecemos algunos de los credos más comunes en la historia del cristianismo.

•Anexo II: Los credos y las confesiones de fe•

CREDO APOSTÓLICO

Creo en Dios, Padre Todopoderoso, creador del cielo y de la tierra.

Creo en Jesucristo, su único Hijo, nuestro Señor, que fue concebido del Espíritu Santo, nació de María, virgen, padeció bajo el poder de Poncio Pilato, fue crucificado, muerto y sepultado. Descendió a los infiernos, al tercer día resucitó de entre los muertos, subió a los cielos y está sentado a la diestra de Dios Padre Todopoderoso, de donde ha de venir a juzgar a los vivos y a los muertos.

Creo en el Espíritu Santo, la santa iglesia cristiana universal, la comunión de los santos, el perdón de los pecados, la resurrección de los muertos, y la vida eterna. Amén.

•El culto cristiano•

EL CREDO NICENO, CONSTANTINOPOLITANO

Creemos en un solo Dios, Padre Todopoderoso, creador del cielo y de la tierra, de todo lo visible e invisible.

Creemos en un solo Señor, Jesucristo, Hijo único de Dios, nacido del Padre antes de todos los siglos, Dios de Dios, Luz de Luz, Dios verdadero de Dios verdadero, engendrado, no creado, de la misma naturaleza que el Padre y por quien todo fue hecho; que por nosotros y por nuestra salvación bajó del cielo, y por obra del Espíritu Santo se encarnó de María, virgen, y se hizo hombre; por nuestra causa fue crucificado en tiempos de Poncio Pilato, padeció y fue sepultado, resucitó al tercer día según las Escrituras, y subió al cielo, donde está sentado a la derecha del Padre, y de nuevo vendrá con gloria para juzgar a los vivos y a los muertos, su reino no tendrá fin.

Creemos en el Espíritu Santo, Señor y dador de vida, que procede del Padre, que con el Padre y el Hijo recibe una misma adoración y gloria, y que habló por los profetas.

Creemos que la Iglesia es una, santa, católica y apostólica. Reconocemos un solo bautismo para el perdón de los pecados. Esperamos la resurrección de los muertos, y la vida del mundo futuro. Amén.

•Anexo II: Los credos y las confesiones de fe•
CREDO HISPANO

Creemos en Dios Padre todopoderoso, creador de los cielos y la tierra, Creador de los pueblos y las culturas, creador de los idiomas y de las razas.

Creemos en Jesucristo, su Hijo, nuestro Señor, Dios hecho carne en un ser humano para todos los humanos, Dios hecho carne en un momento para todas las edades; Dios hecho carne en una cultura para todas las culturas; Dios hecho carne en amor y gracia para toda la creación.

Creemos en el Espíritu Santo, por quien el Dios encarnado en Jesucristo se hace presente en nuestro pueblo y nuestra cultura; por quien el Dios creador de todo cuanto existe nos da poder para ser nuevas criaturas; quien con sus infinitos dones nos hace un sólo pueblo: El cuerpo de Cristo.

Creemos en la iglesia, que es universal porque es señal del reino venidero; que es más fiel mientras más se viste de colores; donde todos los colores pintan un mismo paisaje; donde todos los idiomas cantan una misma alabanza.

Creemos en el Reino venidero, día de la gran fiesta, cuando todos los colores de la creación se unirán en un arco iris de armonía; cuando todos los pueblos de la tierra se unirán en un banquete de alegría; cuando todas las lenguas del universo se unirán en un coro de alabanza.

Y porque creemos nos comprometemos a creer por los que no creen, a amar por los que no aman, a soñar por los que no sueñan, hasta que lo que esperamos se torne realidad. Amén.[161]

---

[161] Adaptado de Justo González

•El culto cristiano•
CREDO COREANO

Líder: Donde está el Espíritu del Señor, allí está la única Iglesia verdadera, apostólica y universal, cuya santa fe ahora declaramos:

Todos: Creemos en el Dios único, hacedor y gobernador de todas las cosas, Padre de todos los humanos,[162] fuente de toda bondad y belleza, de toda verdad y amor.

Creemos en Jesucristo, Dios manifestado en la carne, nuestro maestro, ejemplo, Redentor y Salvador del mundo.

Creemos en el Espíritu Santo, Dios presente entre nosotros, para nuestra dirección, consuelo y fortaleza.

Creemos en el perdón de los pecados, en la vida de amor y oración y en una gracia suficiente para toda necesidad.

Creemos en la Palabra de Dios contenida en el Antiguo y el Nuevo Testamento, como regla suficiente de fe y conducta.

Creemos en la Iglesia como el compañerismo en adoración y servicio, de todos aquellos que están unidos al Señor viviente.

Creemos en el reino de Dios como el gobierno divino en la sociedad humana; y en la fraternidad humana bajo la paternidad divina.

Creemos en el triunfo final de la justicia y en la vida eterna. Amén.

---

162 Sólo Padre de todos los humanos en la medida en que estos le reconozcan como Padre y a si mismos como hijos.

•Anexo II: Los credos y las confesiones de fe•
CONFESIÓN DE FE DE MARTÍN LUTERO

Yo creo que Dios me ha creado como al resto de las criaturas. Él me ha dado, y me conserva mi cuerpo con sus miembros, mi espíritu con sus facultades. El me da cada día con toda liberalidad: el alimento, el vestido, el hogar, y todas las cosas necesarias para el mantenimiento de la vida. Él me protege en todo, me preserva y libra del mal; todo ello sin que yo sea digno de nada, por su pura bondad y misericordia paternal. Esto es lo que yo creo firmemente.

Yo creo que Jesucristo, verdadero Dios y verdadero hombre, es mi Señor. Él me ha rescatado a mi, perdido y condenado, liberándome del pecado, de la muerte, y del poder del maligno, por su sangre, por sus sufrimientos y por su muerte inocente, a fin de que yo le pertenezca para siempre, y que viva una nueva vida como Él mismo que, resucitado de los muertos, vive y reina eternamente. Esto es lo que yo creo firmemente.

Yo creo que el Espíritu Santo me llama por el evangelio, me ilumina con sus dones y me santifica; que Él me mantiene en la unidad de la verdadera fe, en la iglesia que El congrega, día tras día. Es Él también quien limpia plenamente mis pecados, así como a todos los creyentes.

Es Él quien en el último día, me resucitará con todos los muertos y me dará la vida eterna en Jesucristo. Esto es lo que yo creo firmemente. Amén.

•El culto cristiano•

CREDO DEL EVANGELIO DE SAN JUAN

Líder: Donde está el Espíritu del Señor, allí está la única Iglesia verdadera, apostólica y universal cuya santa fe ahora declaramos:

Todos: Creemos que Dios es Espíritu y los que le adoran, en espíritu y en verdad es necesario que le adoren.

Creemos que Dios es luz y si andamos en luz, como Él está en luz, tenemos comunión los unos con los otros.

Creemos que Jesucristo es el Hijo de Dios y que Dios nos ha dado vida eterna, y esa vida está en su Hijo.

Creemos que Él es la resurrección y la vida y que el que cree en Él, aunque esté muerto, vivirá. Creemos que somos hijos de Dios y que Él nos ha dado de su Espíritu.

Creemos que si confesamos nuestros pecados, Él es fiel y justo para perdonar nuestros pecados y limpiarnos de toda maldad.

Creemos que el mundo pasa y su concupiscencia, mas el que hace la voluntad de Dios permanece para siempre. Amén.

•Anexo II: Los credos y las confesiones de fe•

CONFESIÓN DE FE

Reunidos por el Espíritu de Dios y edificados sobre su Palabra, estamos capacitados para confesar nuestra fe:

Creemos en Jesucristo, el Hijo único de Dios, que se hizo hombre, para que por Él y en Él tengamos perdón, gozo y salvación eterna.

Creemos que Jesús de Nazaret, vivió, murió y resucitó para darnos la victoria sobre la muerte y la seguridad de nuestra propia resurrección.

Creemos que como Señor, volverá en el poder de su gloria, así como vino en debilidad y humildad.

El mismo Cristo nos enseñó, y así lo creemos, que Dios es nuestro Padre, que nos acepta como hijos suyos y que nos ama, como le ama a Él.

Creemos en el Espíritu Santo que obra en nuestras vidas y nos reafirma en la certidumbre de nuestra condición de hijos adoptivos de Dios; que el mismo Espíritu guía a la Iglesia por los caminos del Evangelio y nos revela la gloria de Cristo, exaltado a la diestra del Padre.

Creemos en la Iglesia Universal, visible e invisible, pecadora y perdonada.

Creemos que Jesucristo nos ha concedido el honor y la responsabilidad de proseguir su ministerio en la tierra, como sus testigos, en el ejercicio del sacerdocio universal de los creyentes.

Creemos que el Reino de Dios es la esperanza común que nos une a todos los cristianos, pese a nuestras diferencias; y que nos permite enfrentarnos a las adversas realidades presentes de nuestro mundo, hasta que nuestro Señor vuelva en gloria. ¡Ven Señor Jesús![163]

---

163 Adaptado de Sebastián Rodríguez, *Antología de la liturgia Cristiana*, op. cit, p. 205.

•El culto cristiano•
CONFESIÓN DE FE

Creemos en Dios Padre, Señor absoluto de todo lo creado, creemos en su Omnipotencia, Omnipresencia y Omniscencia, y por quien hemos sido hechos a su imagen y semejanza.

Creemos en Dios el Hijo, nuestro Señor Jesucristo, quien vino como hombre para mediante su muerte expiatoria en la cruz, librarnos del imperio de la muerte y darnos la vida eterna. Creemos que Él habita en nosotros por la fe, así como puede habitar en el corazón de cualquiera que le reciba como Señor y Salvador.

Creemos en Dios el Espíritu Santo, Consolador de nuestras vidas, y quien va obrando en nosotros el proceso de la santificación para ir haciéndonos semejantes a Cristo, hasta que Él venga.

Creemos en la iglesia local, comunidad de fieles que viven y testifican de un común testimonio, participando de los cultos y sacramentos hasta que Él venga.

Creemos en la Iglesia Universal, verdadera novia de Cristo, redimida y dignificada por su sangre, heredera del Reino eterno.

Por todo lo dicho creemos que Dios es nuestra única esperanza y razón de ser.

Amén.

Anexo III

GLOSARIO DE SIMBOLOGÍA CRISTIANA

Anexo III

GLOSARIO DE SIMBOLOGÍA CRISTIANA

GLOSARIO DE SIMBOLOGÍA CRISTIANA

La riqueza en cuanto a simbología cristiana es muy variada. El símbolo no es un adorno ni un objeto decorativo, es ante todo un elemento que nos reintegra, una puerta que nos introduce en el riquísimo mundo de los signos y nos hace cómplices de la realidad que representan. Cada vez que miramos e interpretamos un símbolo cristiano, démonos cuenta de que detrás de él se esconde una realidad mucho más grande de la cual participamos.

Ofrecemos a continuación una descripción de los principales símbolos cristianos a lo largo de la historia. Comenzamos con números y colores. Después los símbolos que tienen que ver con elementos de la naturaleza y de la vida cotidiana; los que tienen que ver con seres vivos, y los signos y monogramas, que en su mayoría son de contenido cristológico y trinitario.

La simbología de los números

Algunos números han tomado gran simbolismo debido a su uso reiterado a lo largo del registro bíblico. Ciertamente hay números con un significado muy especial, sin embargo debemos ser cuidadosos y no buscarles mayor significado del que tienen. A continuación proponemos una síntesis de los principales números que aparecen en la Biblia:

1. Número que simboliza unidad y unicidad. Dios enfatiza que Él es UNO (Dt. 6:4), para distinguir la verdadera adoración de la adoración politeísta pagana. En este sentido simboliza que Dios es único (unicidad), excluyendo toda posible comparación y denotando completa soberanía. En Juan 17:21-23, Jesús ora al Padre para que todos los creyentes sean UNO, buscando así el ideal de unidad entre todos los hijos de Dios, (Ef. 4:13).

2. Simboliza la dualidad entre lo material y lo espiritual, lo humano y lo divino.

3. Símbolo de la Trinidad (Padre, Hijo y Espíritu Santo). Simboliza también la resurrección de Cristo, quien se levantó de los muertos al tercer día,

•El culto cristiano•

así como Jonás estuvo tres días en el vientre del gran pez antes de volver a la vida.

4. Es el número de la Creación, pues hace referencia a todo lo creado, a las cuatro esquinas del mundo y sus elementos (tierra, aire, fuego y agua), los cuatro puntos cardinales (norte, sur, este, oeste), las cuatro divisiones del día (mañana, mediodía, tarde, noche) y las cuatro estaciones del año (primavera, verano, otoño, invierno). También se asocia con los cuatro evangelistas.

5. Es el número de la gracia divina. El Tabernáculo tenía en el número cinco o en sus múltiplos, la medida de prácticamente todas sus partes. El aceite de la unción y el incienso constaban de cinco partes.[164] También simboliza el número del sacrificio por ser cinco las heridas de Cristo crucificado (la corona de espinas, tres heridas de clavos para las manos y los pies, la herida de lanza en el costado).

6. Es el número de la creación y del orden creador, pues en seis días finalizó el acto creador de Dios. También se le asocia con el número humano, pues el hombre fue creado en el día sexto. En este sentido, y en contraste con el siete, representa el número de la imperfección.

7. Es uno de los números con más carga simbólica de la numerología bíblica, y el más mencionado a lo largo de ella. Es el número de la perfección, aunque también simboliza la plenitud divina y el descanso. La palabra siete en hebreo procede de una raíz cuyo significado es el de «estar lleno, satisfecho», pues ciertamente en el séptimo día Dios reposó satisfecho del acto creador.

8. Número asociado con la Resurrección y la Regeneración. Fueron ocho las personas que junto con Noé pasaron a formar parte del mundo regenerado (1 P. 3:20). La circuncisión debía ser practicada al octavo día (Gn. 17:12).

---

164 *Vide* Bullinger, E. W., *Cómo entender y explicar los Números en la Biblia*, CLIE, Barcelona 1990, pp. 155-162.

•Anexo III: Glosario de simbología cristiana•

9. Es el último de los dígitos, con lo que marca el fin, siendo asociado a juicio y misterio. Las ciencias ocultas tienen en el nueve uno de sus números emblemáticos.

10. Simboliza la perfección del orden divino, lo completo, lo terminado. Los 10 Mandamientos contienen todo lo necesario. En ellos Dios completa las leyes para su pueblo, al que previamente había liberado de Egipto mediante 10 plagas, y al que posteriormente va a demandar los diezmos de todos sus bienes.

11. No es mucho lo que se puede decir sobre este número. Si 10 es el número de la perfección del orden divino y 12 lo es de la perfección gubernativa, el 11 podría indicar desorden e imperfección.

12. Doce es el número de la perfección en todo lo que tiene que ver con gobierno, organización política o religiosa. Doce patriarcas, doce tribus de Israel, doce Apóstoles, doce legiones de ángeles. También simboliza la Iglesia completa.

13. Es un número asociado a traición, pues en la última cena eran trece los que se sentaron a la mesa, entre los que se encontraba Judas el traidor. La primera mención de dicho número en la Biblia, ya viene asociada a traición, deslealtad y rebelión, se encuentra en Génesis 14:4, donde se lee: «Doce años habían servido a Quedorlaomer, y en el decimotercero se rebelaron». Se dice que por estos motivos es el número popularmente asociado a la mala suerte.

40. Simboliza prueba y preparación. El diluvio duró 40 días, Moisés estuvo 40 años en el desierto y 40 días en el monte Sinaí; el pueblo de Israel pasó 40 años errando por el desierto; la tentación de Jesús duró 40 días y también el Maestro pasó 40 días enseñando a sus discípulos después de su resurrección.

666. Es el número de la bestia mencionado en Apocalipsis 13:17-18. Asociado al Anticristo y al periodo de apostasía de los últimos tiempos. Ya era el símbolo secreto de los pueblos paganos, que lo relacionaban con la adoración al Diablo, la trinidad diabólica.

•El culto cristiano•

«Si seis es el número de la perfección secular o humana, entonces el 66 es una expresión más enfática de lo mismo, y 666 es su expresión concentrada; 666 es por ello la trinidad de la perfección humana; la perfección de la imperfección; la culminación de la soberbia humana en independencia de Dios y en oposición a Cristo»[165]

1000. Representa un número incalculable, eterno, o un periodo muy largo de tiempo.

---
165 *Ibid*, p. 306.

•Anexo III: Glosario de simbología cristiana•

La simbología de los colores

La simbología de los colores es usada a lo largo de toda la Biblia. Al comienzo, en Éxodo 35-39 Dios mismo dispuso el color de las cubiertas del Tabernáculo y el de las vestiduras de los sacerdotes y levitas. Al final de la Biblia, en el libro del Apocalipsis, capítulo 6, los colores de los caballos mencionados son usados para simbolizar alguna característica de sus jinetes dentro de la visión de los sellos que fueron abiertos. En todas las épocas de la historia los colores han tenido un especial sentido simbólico.

Blanco: Es el color de la pureza, la santidad y la verdad. Los santos son simbolizados mediante vestiduras blancas. Es el color litúrgico que junto con el dorado, es usado para Navidad y Semana Santa.

Negro: Es símbolo de muerte y dolor, representa la oscuridad del mundo en contraste con la luz que es Cristo. Es el color socialmente aceptado para simbolizar el duelo o luto por la muerte de un ser querido. Es usado como el color litúrgico para el Viernes Santo.

Rojo: es el color de la sangre salvífica y del fuego purificador. Simboliza el sacrificio de Cristo por la humanidad, que nos limpia de todo pecado; el amor que todo lo puede, y también es símbolo de la sangre de los mártires de la Iglesia. Como color litúrgico es usado en Pentecostés.

Azul: Es el color que simboliza el cielo, el lugar celestial donde mora la presencia de Dios. Junto con el púrpura simboliza la realeza de Cristo. Como color litúrgico es usado en Adviento.

Verde: Es el color de la vida, la esperanza, y el crecimiento. Simboliza el triunfo de la vida sobre la muerte, lo incorruptible, lo que siempre permanece. Como color litúrgico es usado para las estaciones después de la Epifanía y Pentecostés.

Violeta o morado: es el color de la penitencia y de la realeza. Como color litúrgico se usa en las estaciones de Adviento y Cuaresma.

•El culto cristiano•

Gris: Es el color de la ceniza, simboliza arrepentimiento y contrición. Al ser un color intermedio entre blanco y negro se usa para expresar la mortalidad del cuerpo y la inmortalidad del Espíritu. Como color litúrgico se usa en Cuaresma.

Representación simbólica con elementos de la naturaleza

Agua: Símbolo de limpieza, purificación, bendición y vida eterna. Ezequiel 47; Juan 4:14; Apocalipsis 22:17.

Fuego: Es un símbolo ambivalente que representa tanto la destrucción y la ira de Dios como la regeneración y la santidad, aunque su uso más común es como elemento purificador. También se emplea para referirse al Espíritu Santo. 2 Reyes 1:14; Malaquías 3:2; Hechos 2:3.

Aceite: Símbolo de la unción divina, de sanidad, y de consagración y dedicación a Dios. Éxodo 29:21, 37:29; Marcos 6:13.

Sal: Es símbolo de pureza, conservación, santidad, autenticidad. Mt. 5:13; Mr. 9:49.

Roca: Permanencia, estabilidad, solidez. También es tipo de Cristo. Deuteronomio 32:15; I Corintios 10:4.

•Anexo III: Glosario de simbología cristiana•

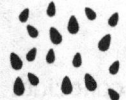 **Semilla:** Es símbolo del Reino de los cielos, el Evangelio de Cristo, la Palabra. Salmos 1:26; Mateo 13:24.

 **Pan y vino:** Simbolizan el alimento espiritual que es Cristo, su carne y su sangre. Juan 6:56. También se emplea el vino para hablar de la ira de Dios. Apocalipsis 14:9, 10.

 **Rama de Olivo:** Es considerada como un símbolo de paz. En Génesis 8:12 cuando la paloma regresa después del diluvio con una rama de olivo en su pico, simbolizaba la llegada de la paz y la restauración de la alianza entre Dios y Noé.

 **Concha:** Fue usada tradicionalmente como un símbolo de bautismo. Se usaba para rociar a los bautizados. En muchas iglesias católicas la fuente de agua bendita que hay en la entrada, tiene forma de concha.

 **Arco Iris:** Es un símbolo de reconciliación entre Dios y el hombre y una señal del pacto que Dios hace de no volver a destruir la tierra mediante un diluvio. Génesis 9:13.

•El culto cristiano•

Representación simbólica con seres vivos

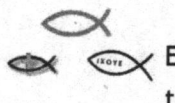

Pez: Es probablemente el primer símbolo cristiano conocido. Empezó a usarse en tiempos de persecución como símbolo identificativo. Del griego *icqus* (ictus) cuyas iniciales responden a la leyenda: Jesús, Cristo, Dios, Hijo, Salvador. En la época de la Reforma también fue usado por los calvinistas franceses (hugonotes) como contraseña identificativa.

Cordero: Simboliza a Cristo quien se dio a sí mismo por todos nosotros como el verdadero cordero pascual que quita el pecado del mundo. En ocasiones viene representado de pie al lado de un estandarte que simboliza la victoria de Cristo sobre la muerte y el pecado.

Paloma: Es símbolo del Espíritu Santo, el cual descendió sobre Jesús en forma de dicha ave (Mr.1:10; Lc. 3:22; Jn. 1:32). También simboliza la paz y la esperanza que llegan con la reconciliación entre el hombre y Dios después del diluvio, cuando la paloma regresa a Noé con la rama de olivo, evidencia de que las aguas comenzaban a descender.

Siete Palomas: Rodeando un circulo que contiene las letras SS (Espíritu Santo en latín), representan los siete dones dados por el Espíritu Santo al Cordero (Ap. 5:12), o bien los siete espíritus que poseía el Cordero y que fueron enviados por toda la tierra (Ap. 5:6).

•Anexo III: Glosario de simbología cristiana•

León: Símbolo de fuerza y realeza es asociado a Cristo el Mesías, «El león de la tribu de Judá» (Ap. 5:5; Gn. 49:9, 10), también es símbolo de resurrección pues se creía que los leones nacían muertos y volvían a la vida por el cuidado de sus progenitores.

Águila: Es considerada la reina de las aves, capaz de ascender a lo más alto y mirar directamente al sol. Representa la Resurrección y Ascensión de Cristo. El águila sujetando una serpiente entre sus garras, simboliza la victoria de Cristo sobre Satanás.

Ave Fénix: Simboliza la muerte y la resurrección de Cristo, la inmortalidad y la victoria sobre la muerte. Cuando el ave fénix siente próxima su muerte, prepara una pira que se enciende con los rayos del sol, ardiendo hasta quedar reducida a cenizas, de las cuales resurge otro nuevo ave fénix.

Cabra: Representa a aquellos que serán condenados en el juicio final y separados de las ovejas. Este uso es sacado del párrafo del juicio a las naciones en Mateo 25. La cabra también es usada por las sectas ocultistas para representar al Diablo.

Delfín: Es uno de los peces más comunes en el arte cristiano. A veces es representado junto con un ancla y un barco. A menudo los delfines son vistos al lado de los barcos, como custodiándolos. En este sentido simbolizan a Cristo que guía a los creyentes en su singladura por los mares del mundo. Tam-

•El culto cristiano•

bién es símbolo de resurrección y salvación a través de Cristo, gracias a la reputación del delfín como salvador de marineros en el mar.

Mariposa: Es símbolo de la resurrección. De la misma manera que se levanta en toda su belleza después de abandonar el capullo y su existencia como gusano, así los cristianos abandonamos nuestra vieja forma de vida para renacer con Cristo a una esperanza viva.

Serpiente: Es un símbolo ambivalente. A causa de la tentación y la caída, es sinónimo de Satanás. En el AT la serpiente de bronce enrollada en una cruz tau, es tipo de Cristo como Salvador del mundo (Jn. 3:14, 15).

Buey: Símbolo de sufrimiento, de paciencia y de sacrificio. Es el atributo simbólico de San Lucas.

•Anexo III: Glosario de simbología cristiana•

Representaciones simbólicas mediante signos

La gran mayoría de los símbolos cristianos representados mediante signos tienen un significado cristológico, escatológico.

Alfa y Omega: Son la primera y la última letra del alfabeto griego. Se usan para simbolizar la eternidad de Cristo, Él es el principio y el fin. Apocalipsis 22:13 *«Yo soy el Alfa y la Omega, el principio y el fin, el primero y el último»*, todas las cosas tienen su origen y su conclusión en Dios mismo.

El monograma **IHC** es formado por las tres primeras letras griegas para «Jesús». La línea horizontal que forma una cruz es señal de una abreviación.

El monograma **INRI,** está formado por las iniciales latinas que Pilatos ordenó poner en la cruz de Jesús. Su significado es «Jesús Nazareno rey de los Judíos» (Jn. 19:19).

El monograma **Chi Rho**, también llamado «Chrismón» es otro de los símbolos más antiguos del cristianismo.[166] Está formado por la X *(Chi)* y la P *(Rho)* superpuestas, que son las dos primeras letras de la palabra griega *Christos* (XP$\pi\Sigma\Delta\sqrt{}\,\Sigma$). También fue usado como símbolo identificativo durante las persecuciones en los primeros siglos del cristianismo.

---

166 Algunos historiadores están de acuerdo en afirmar que este es el mismo símbolo que recibió en sueños el emperador Constantino donde se le aseguraba que con ese signo vencería. Llamado «labarum».

•El culto cristiano•

La cruz es el símbolo fundamental en el cristianismo y representa el completo significado de la muerte y resurrección salvífica de Cristo, Cristo ha vencido a la muerte y la cruz desnuda evidencia que ha resucitado. Es nuestra referencia y donde converge la salvación y la esperanza del mundo. Hay infinidad de variedad en cuanto a cruces, reproducimos las más comunes:

Cruz latina: Es la más conocida, tiene los brazos más cortos que el tronco. Cristo fue crucificado en este tipo de cruz, que era el elemento de tortura más cruel que poseía el Imperio Romano.

Cruz Latina con Alfa y Omega: Nos recuerda que aunque Cristo murió en la cruz, ahora reina en gloria para siempre puesto que Él es el principio y el fin.

Cruz Griega: Posee 4 brazos de igual longitud.

Cruz Céltica: El circulo simboliza la eternidad de Cristo. Es una de las formas de cruz más antigua, usada por los cristianos celtas en Inglaterra e Irlanda.

•Anexo III: Glosario de simbología cristiana•

 **The *Budded Cross*:** Con un trébol en cada final de los 4 brazos simbolizando la vida y la Trinidad.

 **Cruz de San Andrés:** Simbolizada mediante la letra griega X. Cuenta la historia que San Andrés se sintió indigno de ser crucificado como su Señor y rogó que su cruz fuese diferente.

 **Cruz de Jerusalén o de los Cruzados:** Representa la difusión del evangelio por los 4 extremos de la tierra.

 **Cruz de Malta:** Sus brazos extendidos y ocho puntas es una muestra de la regeneración humana y de las ocho bienaventuranzas.

 **Cruz Gamada:** Debe su nombre a que estaba compuesta por 4 gammas.[167] También llamada *Crux dissimulata* pues fue usada dentro del contexto de las persecuciones como una cruz disfrazada para ser reconocida sólo por los cristianos.

---

[167] Tercera letra del alfabeto griego.

•El culto cristiano•

Cruz «Eastern»: Una de las cruces usadas por la Iglesia Ortodoxa Rusa.

Cruz TAU: Así llamada por su parecido con dicha letra griega. Es usada como la cruz de la profecía o del AT, pues es el signo tradicional que los israelitas hicieron con la sangre del cordero sobre los dinteles de las puertas en Egipto, durante la noche de la Pascua. Una cruz TAU es la que a menudo se usa como la vara sobre la cual Moisés levantó la serpiente en el desierto.

Cruz Ancla: Simboliza la esperanza cristiana y la seguridad y firmeza de las promesas de Dios en su Palabra. En la historia fue usada como emblema de Clemente, obispo de Roma, quien fue atado a un ancla y arrojado al mar por el emperador Trajano.

Cruz del Calvario: Los tres peldaños que llevan a esta cruz latina representan el monte Calvario, y también las tres virtudes teologales (fe, esperanza, amor).

Cruz Flor de Lis: Muy similar a la cruz «fleurie». Esta cruz simboliza la Trinidad y la resurrección.

•Anexo III: Glosario de simbología cristiana•

 **Cruz Bizantina:** Cruz generalmente usada por la Iglesia Ortodoxa Griega.

 **Cruz «*Conquerors Victors*»:** Esta cruz está complementada en su parte superior con la primera y la última letra del nombre griego de Jesús. En su parte inferior con la palabra griega para «conquistador».

 **Cruz *Crosslet*:** Esta cruz está formada por cuatro pequeñas cruces y representa la expansión del evangelio por las cuatro esquinas de la tierra.

 **Cruz *Embattled*:** Esta cruz heráldica tiene la forma de las almenas de un castillo, simboliza la «iglesia militante».

 **Cruz Natal:** Esta cruz con forma de estrella nos recuerda la historia del nacimiento de Jesús y predice el propósito por el que Él nació.

Cruz de la Pasión: Los finales puntiagudos de esta cruz latina representan el sufrimiento de Cristo y su crucifixión.

•El culto cristiano•

Cruz Pomo: Los pomos, parecidos a una manzana, representan los frutos de la vida del cristiano. En tiempos antiguos se usaba como símbolo de autoridad.

Cruz Patriarcal: Se trata de una cruz eclesiástica usada por los patriarcas ortodoxos.

Cruz Triunfante: Este tipo de cruz simboliza el triunfo final y el reinado de Cristo sobre el mundo.

Cruz Bautismal: Esta cruz griega está superpuesta por la letra [c], la primera letra griega del nombre «Cristo». Forma una cruz con ocho brazos y dado que el número ocho es símbolo de regeneración, se usa como cruz bautismal.

Cruz Ansata: Es una cruz de origen egipcio que representa la vida y la regeneración. Fue adoptada por el cristianismo como símbolo de vida eterna.

•Anexo III: Glosario de simbología cristiana•

Las estrellas tienen también un apartado específico dentro de la simbología cristiana. Veamos las más comunes:

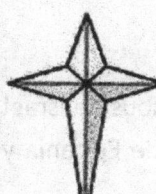
Estrella de 4 puntas: Esta estrella con forma de cruz simboliza la estrella de Belén, la estrella natal.

5 puntas: Es la estrella típica de Belén y representa la encarnación de Jesús. La estrella de cinco puntas debería ser distinguida del pentagrama pagano usado por las sectas ocultistas.

Estrella de 6 puntas: Los triángulos equiláteros superpuestos forman una estrella de seis puntos. Enfatizan la Divina Trinidad y el proceso absoluto de la creación. Esta estrella ha sido adoptada por los judíos como símbolo del sionismo. Se la llama «estrella de David».

Estrella de siete puntas: Representa los siete dones del Espíritu Santo en Isaías 11:2.

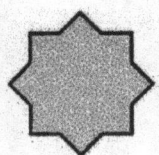
Estrella de 8 puntas: Al ser el número ocho símbolo de regeneración, es por esta causa que muchas pilas bautismales tienen forma octogonal.

•El culto cristiano•

 **Estrella de 9 puntas:** Simboliza las nueve cualidades del fruto del Espíritu Santo mencionadas en la Epístola a los Gálatas. A veces se representa con las iniciales latinas para cada uno de los frutos.

 **Estrella de 12 puntas:** Representar a las 12 tribus de Israel o a los 12 Apóstoles. Es usada en las estaciones de Epifanía y Navidad.

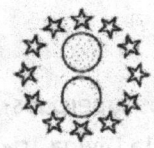 **Estrellas con Sol y Luna:** 12 estrellas rodean un sol y una luna que representan a Jacob y su esposa, con sus 12 hijos quienes fueron los padres de las 12 tribus de Israel.

•Anexo III: Glosario de simbología cristiana•

Símbolos usados para representar la Trinidad

 **Triquetra:** Este símbolo tiene tres arcos iguales que representan la eternidad con su forma de movimiento continuo e indivisible al entretejerse entre si. El centro forma un triángulo que representa la Trinidad.

  **Triángulo Equilátero:** Es un símbolo antiquísimo para representar la divinidad y la Santa Trinidad puesto que cada uno de sus lados representa al Padre, al Hijo y al Espíritu Santo. En ocasiones posee un ojo en el centro que simboliza a Dios el Padre en su omnipresencia.

Flor de Lis | Círculos interpuedstos | Trefoil | Círculo y triángulo

Horqueta[168] | Padre, Hijo y Espíritu Santo | Tres peces

---

168 Símbolo medieval de la Trinidad

•El culto cristiano•

Otros símbolos varios

Quatrefoil: Es símbolo de los cuatro evangelistas: Mateo, Marcos, Lucas, y Juan.

Candelabro de siete brazos: Llamado *Menorah*. Es el símbolo judío más representativo del Antiguo Testamento, representa a Cristo como la luz del mundo y como la perfección.

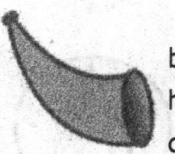
Trompeta: Es símbolo del juicio final, la resurrección y también como símbolo de llamado a la adoración. Nos recuerda la historia de Josué 6, la batalla de Jericó, y la batalla de Gedeón contra los madianitas en Jueces 7. Las trompetas se asocian con un pronunciamiento solemne de Dios o de su misma presencia, y también con un llamado a la batalla.

Tablas de la Ley. Las tablas de piedra que fueron usadas para dar los 10 mandamientos de la Ley a Moisés en el monte Sinaí. Representa lo completo de la Ley de Dios, (el Pentateuco, La Torah).

Antorcha: Es símbolo de la pasión de Cristo, también usado como símbolo para ciertos mártires.

•Anexo III: Glosario de simbología cristiana•

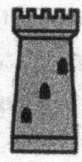 **Torre:** Es símbolo de Dios como refugio, como torre fuerte. También comparte simbolismo con la columna y la escala, como un vínculo entre el cielo y la tierra.

 **Zarza Ardiendo:** Es un símbolo importante de la revelación de Dios en el AT. En Éxodo 3, Dios se revela a Moisés con uno de sus nombres más representativos, «Yo soy el que Soy». Es un poderoso tipo de Cristo quien es la revelación suprema de Dios mismo.

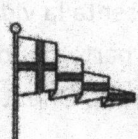 **Bandera:** Junto con el estandarte, son símbolos de victoria y de unidad. Quienes las portan se identifican plenamente con lo que representa.

 **Campana:** Es símbolo del llamado a la adoración y de la proclamación del evangelio al mundo.

 **Libro:** Representa la Palabra de Dios. Cuando está abierto simboliza la verdad y la revelación. Cuando se representa cerrado, simboliza el juicio final y la herencia de los santos. Es usado en muchos emblemas.

 **Rama:** La rama creciendo del tronco de Isaí es símbolo de la promesa mesiánica predicha por Isaías en el capítulo 11, pasaje que se lee en Adviento.

•El culto cristiano•

Cáliz: Es símbolo de la Santa Comunión y del perdón de los pecados ganado por la sangre de Cristo en la cruz. Simboliza el anhelo del corazón del cristiano por beber el vino de la Viña de Dios.

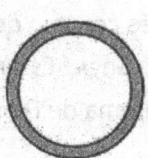
Círculo: Es símbolo de la eternidad, pues no tiene principio ni fin. Se usa como una referencia a Dios y a su amor que «nunca deja de ser» (1 Co. 13:8).

Corona: Símbolo de autoridad real, usada por Cristo como el Rey de reyes y Señor de señores. También representa la vida y la recompensa eterna a la fidelidad a Dios por parte de los santos. A veces se usan tres coronas para representar a los sabios de Oriente quienes buscaban a Jesús para adorarle.

Puerta: Es un símbolo de la entrada en el Reino de los cielos, y de Cristo. Simboliza la entrada a una vida nueva o el paso de un mundo a otro.

Ancla: Se usa como un emblema o imagen de esperanza. Sugiere la seguridad y la firmeza de la Obra de Cristo, frente a las tormentas del mundo. Hebreos 6:18-19.

Llaves: Representan la autoridad de la Iglesia. Las dos llaves cruzadas representan doble autoridad para «abrir» el cielo a los pecadores arrepentidos o para cerrarlo a los que no se arrepienten.

Anexo III: Glosario de simbología cristiana

Perla: Simboliza el Reino de los Cielos, el verdadero conocimiento del Evangelio. También simboliza el tesoro que es la Palabra de Dios.

Balanza: Símbolo de juicio y justicia divina, se usa para representar el juicio final y el regreso del Señor.

Cetro: Es símbolo de autoridad. Junto con la corona simboliza el triunfo de Cristo reinando sobre toda la creación.

Espada: Tiene muchos usos simbólicos. Principalmente simboliza poder, autoridad y la propia Palabra de Dios (He. 4:12).

Sol de Justicia: El sol a menudo se usa como símbolo de Cristo y especialmente como símbolo profético y escatológico.

Lutero: Fue diseñado por Martín Lutero. En el centro se ve una cruz (en negro) para recordar al cristiano el terrible sacrificio de Cristo en la cruz. El corazón (en rojo) representa el amor, el gozo y la paz, producidos por la fe. La rosa (en blanco), el color de la pureza. El círculo (en azul) representa la esperanza del gozo celestial, y el círculo dorado representa la felicidad eterna.

El Cayado o Bastón: El cayado simboliza a Jesús como el buen Pastor, Él es en quien podemos apoyarnos y sostenernos. En su forma más ornamentada se le denomina «báculo» y es símbolo de autoridad eclesiástica.

Anexo IV

SUGERENCIAS PARA EL CULTO...

SUGERENCIAS PARA EL CULTO PERSONAL

«En tu presencia hay plenitud de gozo delicias a tu diestra para siempre» (Sal. 16:11).

El culto personal o tiempo devocional privado es la base que nos capacita y nos autoriza para el culto familiar y dominical. Nunca serán pocas las amonestaciones a los cristianos para que no descuidemos nuestro tiempo diario y personal con Dios. Los afanes de este mundo y el activismo a que nos somete hace difícil entrar en la presencia de Dios y saber esperar en Él. El culto personal, aunque debemos preocuparnos por practicarlo cada día, no debe ser considerado como una obligación sino como una necesidad, pues todos tenemos necesidad de intimidad con Dios y debemos reconocerla. Es necesario que cada día apartemos un tiempo tranquilo, un «alto el fuego» para estar a solas con Dios en el santuario. Temprano en la mañana, la mente está tranquila y es el mejor momento para orar, leer, y pedir la bendición sobre la jornada que nos espera. Romanos 11:16 dice: «si las primicias son santas, también lo es la masa restante y si la raíz es santa, también lo son las ramas.» Por tanto levantarnos al menos media hora antes de lo habitual para estar con el Señor y ofrecerle las primicias del día, quizá es dormir menos, pero seguro que es «descansar» más.[169]

Ofrecemos a continuación una liturgia en 7 pasos para ayudarnos a realizar un devocional personal.

I. **Entra en la presencia del Señor.** *«Guarda silencio ante Jehová y espera en Él»* (Sal. 37:7). Busca tu santuario privado, esa pieza de la casa donde te sientes en intimidad y donde no te molesten. Olvídate del reloj[170] y de tus obligaciones inmediatas. Aquieta tus pensamientos, pídele al Señor tranqui-

---

[169] El tiempo propicio es algo personal que cada uno debe evaluar. Hay quien prefiere la noche antes de acostarse o el mediodía después de comer. Lo que si es evidente es que una buena manera de comenzar el día es haciéndolo en la presencia del Señor.
[170] Si tu tiempo es ajustado y debes estar pendiente de la hora, lo mejor es que pongas el despertador y te despreocupes del tiempo hasta que suene.

•El culto cristiano•

lidad y paz de espíritu. La lectura de un Salmo o un Proverbio te ayudará a entrar en la presencia del Señor. Éste es un tiempo de agradecimiento y gratitud.

II. **Reconoce y confiesa tus pecados.** «*Si reconocemos nuestros pecados, Él es fiel y justo para perdonar nuestros pecados y limpiarnos de toda maldad*» (1 Jn. 1:9). Cada día pecamos ante Dios de pensamiento, palabra o acción, por tanto es necesario que también revisemos cada día nuestra vida para reconocer nuestras faltas y pedir el perdón divino. Queremos estar limpios delante del Señor.

III. **Sométete al señorío de Cristo en tu vida.** «*Someteos pues a Dios, resistid al diablo y huirá de vosotros*» (Stg. 4:7). Pídele a Dios que te ayude a someterte a su voluntad, que el Espíritu Santo te ayude a buscar la voluntad de Dios en todas las áreas de tu vida.

IV. **Vístete con la armadura de Dios.** «*Vestíos de toda la armadura de Dios para que podáis estar firmes contra las asechanzas del diablo*» (Ef. 6:11). Cada vez que salimos de nuestros hogares nos espera el mundo con sus pruebas y tentaciones. Es una guerra espiritual que nos exige estar preparados y no ceder terreno al enemigo. Usa el poder de Dios para resistir las tentaciones del demonio, la carne y el mundo.

V. **Escudriña la Palabra de Dios.** «*Y leerá en él todos los días de su vida, para que aprenda a temer a Jehová su Dios, para guardar todas las palabras de esta Ley y estos estatutos, para ponerlos por obra*» (Dt. 17:19). Pídele a Dios que cada vez que acudes a su Palabra te hable personalmente. Lee despacio, meditando y concentrándote en el texto. Ora la Palabra y pregúntate cómo la puedes aplicar a tu vida.

VI. **Intercede por otras personas.** «*Exhorto ante todo a que se hagan rogativas, oraciones, peticiones y acciones de gracias por todos los hombres*» (1 Ti. 2:1). Ora por otras personas, familia, amigos, ministerios. El orar por los demás nos ayuda a no estar continuamente mirando sólo a nuestro entorno, y a sentirnos vinculados con las personas o ministerios por los que oramos.

•Anexo IV: Sugerencias para el culto...•

VII. Encomiéndate al Señor para el nuevo día. *«Encomienda a Jehová tu camino, confía en Él y Él hará» (Sal. 37:5).* Para finalizar tu tiempo devocional y antes de empezar las actividades del día, encomiéndate al Señor y pídele que te proteja y te ayude a ser íntegro en todo lo que hagas.

SUGERENCIAS PARA EL CULTO FAMILIAR

«Instruye al niño en sus caminos, y aun cuando fuere viejo no se apartará de ellos» (Pr. 22:6).

El altar familiar es en realidad la forma más primitiva de culto a Dios, pues antes de que Israel fuese la nación escogida, era una familia (Abraham, Isaac, Jacob) que adoraba a Dios. En la época patriarcal el cabeza de familia era asimismo el sacerdote que presentaba los sacrificios e invocaba la protección para los suyos. Toda familia cristiana es una pequeña iglesia en sí misma, a la que hay que cuidar y guiar espiritualmente. Los padres, que también deben orar y compartir juntos con regularidad, son responsables de la educación espiritual de sus hijos. El culto familiar mientras los niños son pequeños debe ser algo divertido y dinámico que nuestros hijos asocien con un rato agradable. Es conveniente que las historias bíblicas que narremos vayan acompañadas de ilustraciones para colorear y juegos con enseñanza, también un tiempo de alabanza con canciones infantiles es muy apropiado. A medida que nuestros hijos crecen se puede ir sustituyendo y adecuando la forma del culto familiar.

Existen en el mercado devocionales para la familia con muy buenas indicaciones y con un temario ya calendarizado. En cuanto a la asiduidad con la que celebrar los cultos familiares, no hay nada escrito pero creemos que dos veces por semana es razonable. Debe ser un tiempo donde todos puedan participar y en realidad puede contener los mismos elementos que un culto dominical: alabanza, acciones de gracias, lecturas, peticiones, compartir la Palabra. Finalmente decir que el culto familiar provee unidad, y crea en nuestros hijos unas bases y principios, que perdurarán a lo largo de toda su vida.

SUGERENCIAS PARA EL CULTO DOMINICAL

«Servid a Jehová con alegría, venid ante su presencia con regocijo» (Sal. 100:2).

El domingo por la mañana, en algunos hogares, se parece bastante a una batalla campal. Todos luchan por ir al baño en primer lugar, el tiempo siempre nos va muy justo, el desayuno es rápido y de pie, conducimos aprisa para llegar a tiempo al culto... Y cuando llegamos somos más firmes candidatos a una úlcera de estomago, que a adoradores gozosos ante la celebración que está a punto de comenzar. Gracias a Dios esto no ocurre en todos los hogares, pero me temo que ocurre en demasiados. Al culto dominical no acudimos como espectadores neutrales sino como celebrantes, el culto nos pertenece y es responsabilidad de todos los fieles. De lo que yo aporte y traiga en mi cabeza, de mi disposición y estado anímico, depende en gran medida la buena marcha del servicio. ¿Qué voy a aportar como ofrenda personal? ¿Prisas, agobio, malestar, estrés? A continuación proponemos 10 pasos útiles para acudir a los cultos con buena disposición y una ofrenda agradable a nuestro Dios.

El decálogo del buen adorador

1. Antes de salir de casa pídele a Dios que prepare tu corazón. El domingo es un día especial.

2. Llega al menos 10 minutos antes de comenzar el servicio sin prisas ni agobios.

3. Durante ese tiempo busca al Señor en actitud de adoración y preparación.

4. Durante el culto permanece con la máxima atención y reverencia sin distraerte ni distraer

5. Canta con el corazón a la vez que con los labios. Que tus gestos se correspondan con tu actitud. Cuando se supone que estás alabando u orando, ora o alaba.

•El culto cristiano•

6. Cuando escuches la Palabra, manténte abierto al Espíritu Santo. Que no te importe el predicador sino el mensaje predicado.

7. Hazte el firme propósito de «escuchar» la predicación con atención y sin distraerte.

8. Recibe la Palabra de forma personal y comprométete a practicarla en tu vida.

9. Concluido el culto, no te vayas de inmediato, tómate tiempo para saludar a tus hermanos.

10. Comparte el culto con los tuyos, «mastica y rumia» lo recibido.

BIBLIOGRAFÍA

BIBLIOGRAFÍA

Obras de consulta

Coenen, Lothar, *Diccionario Teológico del Nuevo Testamento, vol. IV*, SÍGUEME, Salamanca 1987.
Cerezo, Sergio, *Diccionario Enciclopédico Santillana*, SANTILLANA, Madrid 1992.
García, Angel, *Diccionario de Sinónimos y Antónimos de la Lengua Española*, Editorial Alfredo Ortells, S.L., Valencia 1986.
Harrison, Everett, *Diccionario de Teología*, TELL, USA, 1990.
Lacueva, Francisco, *N.T. Interlineal Griego-Español*, CLIE, Barcelona 1990.
Martigny (abate), *Diccionario de Antigüedades Cristianas*, Establecimiento Tipográfico Sucesores de Rivadeneyra, Madrid 1894.
Pfatteicher, Philip, *Dictionary of Liturgical Terms*, Trinity Press International, Pensilvania, 1991.
Portillo, Lorenzo, *Nuevo Diccionario Enciclopédico Ilustrado* (Tomo 6), DURVAN, Bilbao s/f
Sin autor mencionado, *Manual del Ministro*, Editorial VIDA, Florida 1995.
Silva, Kittim, *Manual para Ceremonias religiosas*, CLIE, Barcelona 1992.
Turnbull, Rodolfo, *Diccionario de la Teología Práctica, Culto*, LIBROS DESAFIO, EE.UU. 1977.
Vila, Samuel, *Enciclopedia Ilustrada de Historia de la Iglesia*, CLIE, Barcelona 1985.
Vine, W.E., *Diccionario Expositivo de Palabras del Antiguo y del Nuevo Testamento*, CARIBE, Colombia 1999.

Libros

Aldazábal, José, *La Asamblea Litúrgica y su Presidencia*, Centro de Pastoral Litúrgica, Barcelona 1996.
Archer, Gleason, *Reseña Crítica de una Introducción al Antiguo Testamento*, Publicaciones Portavoz Evangélico, USA, 1987.
Baldock, John, *El Simbolismo Cristiano*, Editorial EDAF, Madrid, 1992.
Ballesteros, Jesús, *Postmodernidad: Decadencia o Resistencia*, TECNOS, Madrid, 1994.
Bellavista, Joan, *L'any Liturgic*, Centre de Pastoral Litúrgica, Barcelona 1982.
Baubérot, Jean, *El Protestantismo de la A a la Z*, GAYATA ediciones, Barcelona 1997.
Bonhoeffer, Dietrich, *Vida en Comunidad*, Editorial Methopress, Argentina 1966.
Bonhoeffer, Dietrich, *El precio de la gracia*, SÍGUEME, Salamanca 1968.
Bullinger, E. W., *Cómo Entender y Explicar los números en la Biblia*, CLIE, Barcelona, s/f.
Carson, F. Mary, *Alabad a Dios*, CARIBE, Miami, s/f.
Cruz, Antonio, *Postmodernidad*, CLIE, Barcelona 1996.
Damen, Frans, *Etnias, Culturas, y Teologías*, Ediciones CLAI, Ecuador 1996.
De la Era, Alberto, *Guía de Entidades Religiosas de España*, Imprenta Nacional, Madrid 1998.
Derham, Morgan, *Inmersos en la Tecnología*, ANDAMIO, Barcelona 1993.
Edersheim, Alfred, *El Templo, su Ministerio y Servicios*, CLIE, Barcelona 1990.
Edersheim, Alfred, *La Vida y los Tiempos de Jesús el Mesías* (Tomo I), CLIE, Barcelona 1998.

• Bibliografía •

Estepa, José Manuel, *Catecismo de la Iglesia Católica*, (versión oficial en español), Asociación de Editores del Catecismo, IMPRESA, Madrid 1992.
Fletcher, Juan, *Historia Compendiada de la Iglesia Cristiana*, CLIE, Barcelona 1985.
Franquesa, Adalbert, *Las Aclamaciones de la Comunidad*, Centro de Pastoral Litúrgica, Barcelona 1995.
Gaebelein, Arno, *¿El Cristianismo es religión?*, CLIE, Barcelona s/f.
García Rubio, Pablo, *La Iglesia Evangélica Española*, Departamento de Publicaciones de la I.E.E., Barcelona 1994.
Getz, Gene, *La Medida de una Iglesia*, CLIE, Barcelona 1978.
Gómez, P. José Luis, *La Biblia en el Culto Personal en la Familia y en la Iglesia*, ponencia incluida en el libro *Sola Escritura*, Sociedades Bíblicas, M.C.E. Horeb, Barcelona, 1997.
González, Justo, *Historia del Cristianismo* (Tomos I y II), CLIE, Barcelona 1994.
González, Justo, *Historia del Pensamiento Cristiano* (Tomos 1 y III), CARIBE, Miami 1992.
Grau, José, *Catolicismo Romano* (Tomos I y II), E.E.E., Barcelona 1990.
Ireneé-Henri, Dalmais, *Las Liturgias Orientales*, Casal i Vall, Andorra 1960.
Janse, J. C., *La Confesión de la Iglesia*, FELIRE, Barcelona 1970.
James, E. O., *Historia de las religiones*, Biblioteca del Sol, s/l, 1991.
Küen, Alfred, *El Culto en la Biblia y en la Historia*, CLIE, Barcelona 1995.
Küen, Alfred, *La Música en la Biblia y en la Iglesia*, CLIE, Barcelona 199.
Küen, Alfred, *Renovar el Culto*, CLIE, Barcelona 1997.
Lebon, Jean, *Para Vivir la Liturgia*, Editorial Verbo Divino, Navarra 1996.
Libro de Liturgia y Cántico, (para la iglesia Luterana Americana) Augsburg Fortress, USA 1998.
Marcel, Pierre, *El Bautismo Sacramento del Pacto de la Gracia*, Fundación Editorial de Literatura Reformada, Barcelona 1968.
Martin, Ralph, *La Teología de la Adoración*, VIDA, Florida 1982.
Martínez, José María, *Hermenéutica Bíblica*, CLIE, Barcelona 1984.
Maxwell, William D., *El Culto Cristiano*, Editorial Methopress, Argentina 1963.
Meeks, Wayne, *Los Primeros Cristianos Urbanos*, SÍGUEME, Salamanca, 1988.
Mortimer Guilbert, Charles, *El Libro de Oración Común*, The Church Pension Fund, (Iglesia Episcopal) EE.UU., 1981.
Nelson, Eduardo, *Que mi Pueblo Adore*, CBP, U.S.A. 1988.
Nelson, Kirst, *Culto Cristiano: Historia, Teología y Formas*, Editora Sinodal, Quito, 2000-12-10.
Pfatteicher, Philip, *Liturgical Spirituality*, Trinity Press International, Pensilvania, 1997.
Rest, Friedrich, *Our Christian Symbols*, Pilgrim Press, Ohio 1982.
Rinker, Rosalind, *Como celebrar el culto familiar*, CLIE, Barcelona 1980.
Rodríguez, Sebastián, *Antología de la Liturgia Cristiana*, CLIE, Barcelona 1999.
Ropero, Alfonso, *Introducción a la Filosofía*, CLIE, Barcelona 1999.
Sarmiento, Christian, *Ayudemos en el Altar*, Casa Nazarena de Publicaciones, USA, 1993.
Schultz, Samuel, *Habla el Antiguo Testamento*, Editorial Portavoz, USA, 1976.
Shaeffer, Francis, *Muerte en la Ciudad*, E.E.E., Barcelona 1973.
Snyder, Howard, *La Comunidad del Rey*, CARIBE, Miami 1985.
Stott, John, *Señales de una Iglesia Viva*, CERTEZA, Argentina 1997.
Tozer, A. W. *¿Qué le ha sucedido a la adoración?*, CLIE, Barcelona 1985.
Valle, A. Carlos, *Culto: Crítica y Búsqueda*, Centro Estudios Cristianos, Argentina 1972.
Vila, Samuel. *Origen e Historia de las Denominaciones Cristianas*, CLIE, Barcelona 1981.

• Bibliografía •

Von Allmen, J. J. *El Culto Cristiano*, SÍGUEME, Salamanca 1968.
Von Allmen, J. J. *Ministerio Sagrado*, SÍGUEME, Salamanca 1968.
Webber, Robert, *Acient-Future Faith: Rethinking Evangelicalism for a Postmodern World*, Gran Rapids, USA, 1999.
Webber, Robert, *Planning Blended Worship*, Abingdon Press. Nasville, 1998.
Webber, Robert, *The Complete Library of Christian Worship*, Star Song Publishing Group, USA, 1994.
Webber, Robert, *Worship is a Verb,* Word Books, Texas, 1985.
White, James, *Handbook of the Cristian Year,* Abingdon Press, Nashville, 1986.
Wiersbe, W. *Real Worship, it Will Transform your Life*, O.Nelson, Nashville, 1986.
Witt, Marcos, *Adoremos,* CARIBE, Miami 1993.
Zaldivar, Raúl, *Crítica bíblica*, CLIE, Barcelona 1994.

Artículos y Revistas

Diversos archivos de Internet sobre liturgia, simbolismo, culto y adoración.
Chevalley, Philippe, *Una Iglesia Saludable*, «Realidades de la Fe», España n°15.
Burt, David; Stam, Juan; Wickam, Pablo, *Factores Culturales y el Evangelio*, Andamio, Barcelona, 1998, n°2.
Galcerá, David; D. Groothuis; L. Mas Collado, *Perspectivas espirituales contemporáneas*, Andamio, Barcelona 1999.

Obras inéditas
Gómez P. José Luis, *Cursillo sobre el Culto Cristiano*, Palma de Mallorca 1985.
Varela A. Juan Jesús, *Desafíos de la Educación Teológica frente a una Sociedad Humanista y Secularista*, SETEHO, Honduras 1995.

www.ingramcontent.com/pod-product-compliance
Lightning Source LLC
Chambersburg PA
CBHW011341090426
42743CB00018B/3408